Florian Berner

Grundlagen des betrieblichen Eingliederungsmanagements nach § 84 SGB IX

IGEL Verlag

Berner, Florian

Grundlagen des betrieblichen Eingliederungsmanagements nach § 84 SGB IX

1. Auflage 2008 | ISBN: 978-3-86815-075-9

© IGEL Verlag GmbH , 2008. Alle Rechte vorbehalten.

Die Deutsche Bibliothek verzeichnet diesen Titel in der Deutschen Nationalbib-
liografie. Bibliografische Daten sind unter http://dnb.ddb.de verfügbar.

IGEL Verlag

Inhaltsverzeichnis

I

Abbildungsverzeichnis

Abkürzungsverzeichnis

a. F.	alte Fassung
AiB	Arbeitsrecht im Betreib (Fachzeitschrift)
Anm.	Anmerkung
AP	Arbeitsrechtliche Praxis (Nachschlagewerk)
ArbGG	Arbeitsgerichtsgesetz
ArbRB	Arbeits-Rechts-Berater (Fachzeitschrift)
ASiG	Arbeitssicherheitsgesetz
AZ	Aktenzeichen
BAG	Bundesarbeitsgericht
BDSG	Bundesdatenschutzgesetz
BEM	betriebliches Eingliederungsmanagement
BetrVG	Betriebsverfassungsgesetz
BPersVG	Bundespersonalvertretungsgesetz
BUrlG	Bundesurlaubsgesetz
bzw.	beziehungsweise
ca.	circa => lat.: »ungefähr«
d. h.	das heißt
DB	Der Betrieb (Fachzeitschrift)
Dipl.	Diplom
Dr.	Doktor
e. V.	eingetragener Verein
EDV	elektronische Datenverarbeitung
etc.	et cetera => lat.: »und so weiter«
f.	folgend(e,er,es)
GdB	Grad der Behinderung
Hrsg.	Herausgeber
i. d. R.	in der Regel
InA	Integrationsamt
IVUT	Institut für Veränderungsmanagement, Unternehmensentwicklung und Training
jur.	Jurist
KSchG	Kündigungsschutzgesetz
LWL	Landschaftsverband Westfalen-Lippe
LWV	Landeswohlfahrtsverband
MDK	medizinischer Dienst der Krankenkassen
n. v.	nicht veröffentlicht
NJW	Neue Juristische Wochenschrift (Fachzeitschrift)
NZA	Neue Zeitschrift für Arbeitsrecht

o. J.	ohne Jahresangabe
o. V.	ohne Verfasserangabe
ÖDL	öffentliche Dienstleistungen
OVG	Oberverwaltungsgericht
Prof.	Professor
Psych.	Psychologe
Rn.	Randnummer
S.	Seite
SGB	Sozialgesetzbuch
TV-L	Tarifvertrag öffentlicher Dienst der Länder
TVöD	Tarifvertrag öffentlicher Dienst
u. a.	unter anderem
u. Ä.	und Ähnlich(e, es)
UVV	Unfall-Verhütungs-Vorschriften
v.	vom
vgl.	vergleiche
z. B.	zum Beispiel

1 Einleitung

Mit der Novellierung des SGB IX trat am 01.05.2004 die neue Präventionsvorschrift des § 84 Abs. 2 SGB IX in Kraft. Damit hat der Gesetzgeber ein Gesetz geschaffen, welches die Rehabilitation und die Integration von kranken und behinderten Menschen in den Vordergrund stellt. Alle Arbeitgeber werden dadurch verpflichtet, ein betriebliches Eingliederungsmanagement durchzuführen. Dies muss geschehen, sobald ein Arbeitnehmer länger als sechs Wochen innerhalb eines Jahres erkrankt. Es macht dabei keinen Unterschied, ob der Arbeitnehmer ununterbrochen oder wiederholt arbeitsunfähig ist. Eine Beteiligung im Integrationsverfahren erfolgt dabei von Betriebs- und Personalräten sowie von Schwerbehindertenvertretungen.

Die Grundlage für die Regelung des § 84 Abs. 2 SGB IX liegt in der zunehmenden Arbeitsverdichtung und dem demographischen Wandel, da sich diese beträchtlich auf die Gesundheit der Beschäftigten auswirkt. Hinzu kommt, dass ein sehr großer Anteil der Arbeitsunfähigkeitstage von dem Personenkreis der Langzeiterkrankten verursacht wird. Das betriebliche Eingliederungsmanagement gibt den betrieblichen Interessenvertretungen die Möglichkeit, Strategien und Handlungsmöglichkeiten für Sicherheit und Gesundheit im Betrieb präventiv anzuwenden und umzusetzen, um diese Langzeiterkrankungen zu verhindern. Der sich bereits jetzt immer stärker abzeichnende Fachkräftebedarf ist auch ein Grund, warum ein betriebliches Eingliederungsmanagement erstrebenswert ist. Die Unternehmen können es sich nicht mehr leisten, auf die Fähigkeiten und Erfahrungen von Menschen mit Behinderungen, als auch von nicht behinderten Menschen zu verzichten. „Immer wichtiger wird es daher, mit gezielten Maßnahmen die Beschäftigungsfähigkeit von Arbeitnehmerinnen und Arbeitnehmern dauerhaft zu erhalten. Allein die volkswirtschaftlichen Kosten der Produktionsausfälle durch Arbeitsunfähigkeit in Deutschland werden auf jährlich über 40 Milliarden Euro geschätzt. Dies entspricht einem Ausfall an Bruttowertschöpfung von rund 70 Milliarden Euro." [1]

Genaue Vorgaben, wie Unternehmen diese Vorschrift explizit umzusetzen haben, wurden im § 84 Abs. 2 SGB IX vom Gesetzgeber aber ausgelassen. In der vorliegenden Untersuchung soll deshalb der Versuch unternommen werden, die Abläufe des betrieblichen

---

[1] http://www.bkk.de vom 14.04.2008.

Eingliederungsmanagements, die dazugehörigen Vorgehensweisen sowie die jeweiligen Maßnahmen genau zu beleuchten.

Ein weiteres Problem besteht darin, dass diese Vorschrift zwar nun seit vier Jahren verabschiedet worden ist, gleichwohl werden die Chancen des betrieblichen Eingliederungsmanagements – vermutlich auch durch Unwissenheit – nicht ausreichend oder gar nicht genutzt. Diese Chancen sollen aufgezeigt werden, denn nicht nur der Arbeitnehmer profitiert von einem betrieblichen Eingliederungsmanagement, auch der Arbeitgeber kann davon profitieren, sodass ein beidseitiges Bestreben wünschenswert ist.

Bei den Arbeitgebern kann bei nicht Umsetzung hingegen ein Risiko entstehen. Eine Klagewelle könnte in der nächsten Zeit entstehen, wenn die Arbeitnehmer mehr auf ihre Rechte aufmerksam gemacht werden und versuchen diese durchzusetzen und nur aufgrund der Tatsache, dass die Vorschrift des § 84 Abs. 2 SGB IX nicht konsequent umgesetzt wird.

Ziel dieser Untersuchung ist es daher, detailliert zu beschreiben, wie man Arbeitsplätze durch betriebliches Eingliederungsmanagement erhält und Prävention betreibt. Es soll hervorheben, wie die Gesetzgebung umgesetzt werden soll, wie und wo man Hilfe bekommt und was das betriebliche Eingliederungsmanagement an Vorteile bieten kann.

2 Definition des betrieblichen Eingliederungsmanagements

Die gesetzliche Regelung für das betriebliche Eingliederungsmanagement (BEM) ist in der Vorschrift Prävention im § 84 Abs. 2 (Sozialgesetzbuch) SGB IX enthalten. Dort heißt es:

„Sind Beschäftigte innerhalb eines Jahres länger als sechs Wochen ununterbrochen oder wiederholt arbeitsunfähig, klärt der Arbeitgeber mit der zuständigen Interessenvertretung im Sinne des § 93, bei schwerbehinderten Menschen außerdem mit der Schwerbehindertenvertretung, mit Zustimmung und Beteiligung der betroffenen Person die Möglichkeiten, wie die Arbeitsunfähigkeit möglichst überwunden werden und mit welchen Leistungen oder Hilfen erneuter Arbeitsunfähigkeit vorgebeugt und der Arbeitsplatz erhalten werden kann (betriebliches Eingliederungsmanagement). Soweit erforderlich wird der Werks- oder Betriebsarzt hinzugezogen. Die betroffene Person oder ihr gesetzlicher Vertreter ist zuvor auf die Ziele des betrieblichen Eingliederungsmanagements sowie auf Art und Umfang der hierfür erhobenen und verwendeten Daten hinzuweisen. Kommen Leistungen zur Teilhabe oder begleitende Hilfen im Arbeitsleben in Betracht, werden vom Arbeitgeber die örtlichen gemeinsamen Servicestellen oder bei schwerbehinderten Beschäftigten das Integrationsamt hinzugezogen. Diese wirken darauf hin, dass die erforderlichen Leistungen oder Hilfen unverzüglich beantragt und innerhalb der Frist des § 14 Abs. 2 Satz 2 erbracht werden. Die zuständige Interessenvertretung im Sinne des § 93, bei schwerbehinderten Menschen außerdem die Schwerbehindertenvertretung, können die Klärung verlangen. Sie wachen darüber, dass der Arbeitgeber die ihm nach dieser Vorschrift obliegenden Verpflichtungen erfüllt."

Übersicht einer Einzelfallregelung

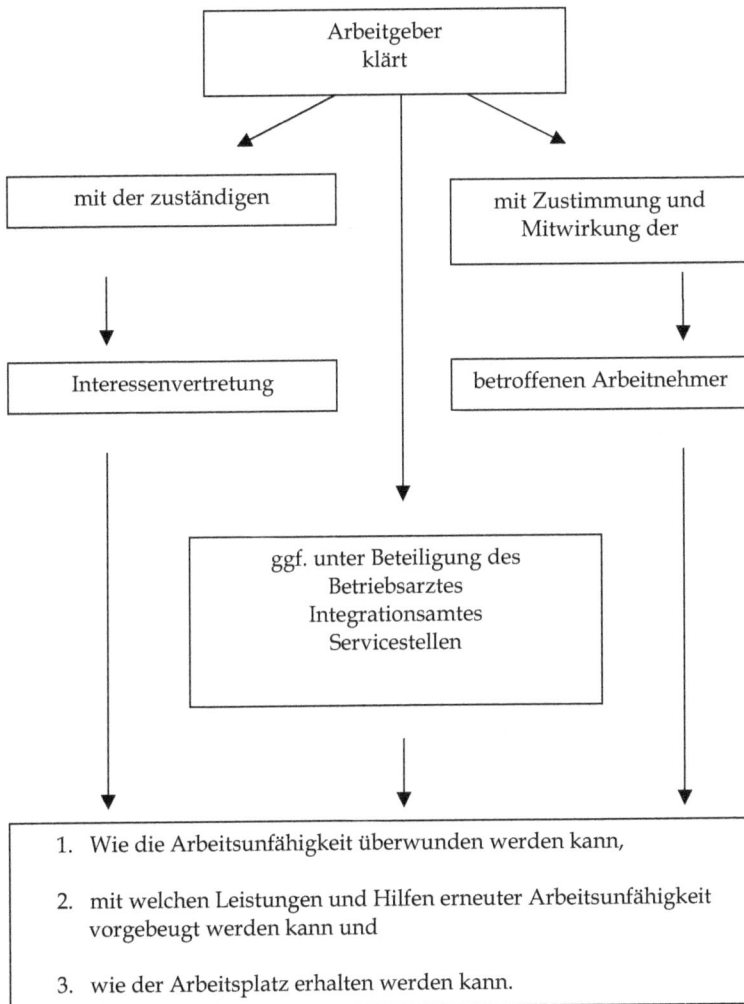

Arbeitgeber
klärt

mit der zuständigen

mit Zustimmung und
Mitwirkung der

Interessenvertretung

betroffenen Arbeitnehmer

ggf. unter Beteiligung des
Betriebsarztes
Integrationsamtes
Servicestellen

1. Wie die Arbeitsunfähigkeit überwunden werden kann,

2. mit welchen Leistungen und Hilfen erneuter Arbeitsunfähigkeit
vorgebeugt werden kann und

3. wie der Arbeitsplatz erhalten werden kann.

Abbildung 1: Das Verfahren im Überblick .

Quelle: In Anlehnung an >>Stegmann, Prävention und Eingliederungsmana-
gement<<, S. 15.3

3 Der persönliche Geltungsbereich

Aufgrund der Historie und der Stellung der Vorschrift im Gesetzeskontext könnte man zu der Schlussfolgerung kommen, dass sich das betriebliche Eingliederungsmanagement ausschließlich auf schwerbehinderte Arbeitnehmer und ihnen Gleichgestellte bezieht.

Durch das Gesetz zur Förderung der Ausbildung und Beschäftigung schwerbehinderter Menschen vom 23.04.2004 wurde der Absatz 2 im § 84 SGB IX neu gefasst. Grundlage war das im Oktober 2000 in Kraft getretene Gesetz zur Bekämpfung der Arbeitslosigkeit Schwerbehinderter, das am 1. Juli 2001 in den zweiten Teil des Sozialgesetzbuches IX integriert wurde. Dieses diente dem Zweck, bei Eintreten von Schwierigkeiten im Arbeitsverhältnis die spezifischen Schutzinteressen schwerbehinderter Menschen zur Geltung zu bringen. Des Weiteren sollte eine mit dem Schutzzweck der besonderen Regelungen des Schwerbehindertenrechts unvereinbare Kündigung präventiv verhindert werden. Auch Schwierigkeiten bei der Beschäftigung sollten dadurch möglichst nicht entstehen oder besser noch, möglichst frühzeitig behoben werden.[2]

Im § 84 Abs. 2 SGB IX ist die Rede von Beschäftigten. Gemäß § 7 SGB IV versteht man darunter eine Person, die einer nichtselbstständigen Tätigkeit nachgeht, insbesondere in einem Arbeitsverhältnis. Anhaltspunkte für eine Beschäftigung sind gem. § 7 Abs. 1 S. 2 SGB IV eine Tätigkeit nach Weisungen und eine Eingliederung in die Arbeitsorganisation des Weisungsgebers. Somit wird hier nicht speziell auf schwerbehinderte Menschen abgestellt. Selbst im Bereich des öffentlichen Dienstes wird seit Inkrafttreten der neuen Tarifverträge – Tarifvertrag für den öffentlichen Dienst (TVöD) und Tarifvertrag für den öffentlichen Dienst der Länder (TV-L) – ebenfalls der Begriff des Beschäftigten für alle Arbeitnehmer in diesem Bereich verwendet, sodass das betriebliche Eingliederungsmanagement auch auf Beamte Anwendung finden muss. Außerdem schreibt § 128 SGB IX die Übertragung dieser Regelung – wie die des gesamten zweiten Teiles des SGB IX – auf die Beamten vor.[3]

„Nach dem Wortlaut von § 84 Abs. 2 SGB IX gilt die Regelung für

---

[2] Vgl. Hans-Peter Schell, Meckenheim, Haufe, SGB IX § 84 Prävention.

[3] Vgl. Gagel, Schwerbehindertenrecht und betriebliches Gesundheitsmanagement, Diskussionsforum B, Beitrag 3/2007 des Instituts für Qualitätssicherung in Prävention und Rehabilitation (iqpr) an der Deutschen Sportschule Köln.

"Beschäftigte". Der Begriff des Beschäftigten ist umfassend, er erfasst nicht nur Schwerbehinderte, sondern **alle Arbeitnehmer** im Betrieb, unabhängig von einer Behinderung. Die Einordnung der Vorschrift in das im SGB IX geregelte Schwerbehindertenrecht ist insoweit irreführend und systemwidrig."[4] Um Klarheit zu schaffen, hat das BAG mit Beschluss vom 27.06.2001[5] die Personengruppen für das betriebliche Eingliederungsmanagement eingegrenzt. Dazu gehören alle innerhalb des Betriebs bzw. der Dienststelle tätigen Menschen ohne Rücksicht auf die Rechtsgrundlage. Gemeint sind also Arbeitnehmer, Auszubildende, Rehabilitanden, Praktikanten, aus karitativen Gründen tätige Menschen und leitende Angestellte. Allerdings fallen Heimarbeiter nicht unter diese Definition, weil sie außerhalb von Betrieb oder Dienststelle tätig sind.

---

4   Haufe Verlag (Hrsg.): CD-Rom Arbeitsrecht, Version 5.3.0.0, Stand 02.10.2007, HaufeIndex: 1344298.
5   BAG, Beschluss v. 27.06.2001 - 7 ABR 50/99.

4   Beteiligte Stellen am Verfahren

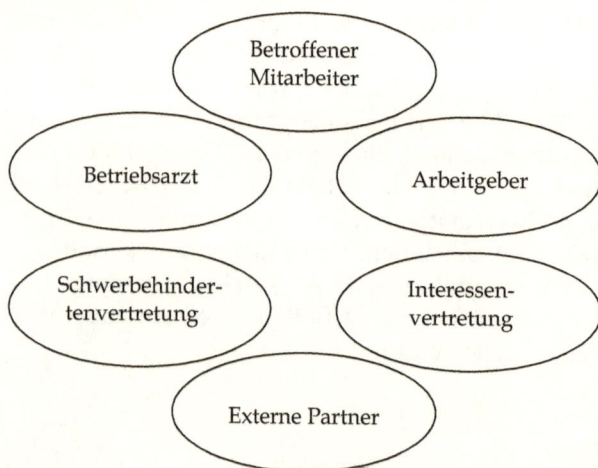

```
                    ⬭ Betroffener
                      Mitarbeiter ⬭

   ⬭ Betriebsarzt ⬭          ⬭ Arbeitgeber ⬭

   ⬭ Schwerbehinder-         ⬭ Interessen-
     tenvertretung ⬭           vertretung ⬭

            ⬭ Externe Partner ⬭
```

Abbildung 2: Beteiligte Stellen am Verfahren
Quelle: Eigene Darstellung.

Im Integrationsteam sind alle betrieblichen Partner vertreten, deren Kompetenz und Leistungen zur Integration notwendig sind:[6]

➢ Arbeitgeber:

Betriebliches Eingliederungsmanagement ist Aufgabe des Arbeitgebers. Er ist für die Einleitung und Durchführung verantwortlich, zugleich ist der Arbeitgeber *Herr des Verfahrens*.

➢ Betroffener Mitarbeiter

Der betroffene Mitarbeiter ist *Zweiter Herr des Verfahrens*. Ohne die Bereitschaft des Mitarbeiters kann ein betriebliches Eingliederungsmanagement nicht durchgeführt werden. Der Beschäftigte kann das betriebliche Eingliederungsmanagement jederzeit abbrechen. Allerdings ist seine Mitwirkung ausschlaggebend für die Feststellung, ob der Betrieb seine Pflichten für die jeweiligen Maßnahmen erfüllt hat.

---

[6]   Vgl. Frühzeitig handeln - Chancen sichern! Betriebliches Eingliederungsmanagement, 214.0 – LWV InA Hessen 2005, S. 26 und Dipl.-Psych Ulrich F. Schübel, Leiter IVUT, Wieder an Bord! Betriebliches Eingliederungsmanagement, S. 25-27.

➤ Betriebliche Interessenvertretung

Mitwirkungsrechte der betrieblichen Interessenvertretung sind durch das betriebliche Eingliederungsmanagement nicht eingeschränkt. Die betriebliche Interessenvertretung wird vom Arbeitgeber im Rahmen des Verfahrens eingeschaltet. Ihre Beteiligung kann nur durch den Mitarbeiter selbst abgelehnt werden. Sie unterstützt den Arbeitgeber bei initiierten Maßnahmen. Mit Zustimmung des Betroffenen kann die Interessenvertretung die Klärung verlangen. Außerdem überwacht sie die gesetzliche Verpflichtung des Arbeitgebers. Beispiele für Interessenvertretungen wären:

- Betriebs- bzw. Personalrat

- Personalabteilung

- Beauftragter des Arbeitgebers nach § 98 SGB IX

➤ Schwerbehindertenvertretung

Bei schwerbehinderten Mitarbeitern oder diesen Gleichgestellten wird vom Arbeitgeber die Schwerbehindertenvertretung verbindlich hinzugezogen. Sie unterstützt den Arbeitgeber bei initiierten Maßnahmen. Mit Zustimmung des Betroffenen kann die Interessenvertretung die Klärung verlangen. Außerdem überwacht sie die gesetzliche Verpflichtung des Arbeitgebers.

➤ Betriebsärztlicher Dienst

Zur Abklärung der gesundheitlichen Einschränkungen und der Leistungsfähigkeit des Mitarbeiters kann der betriebsärztliche Dienst hinzugezogen werden. Fehlt insbesondere in Klein- oder Mittelbetrieben eine Beschäftigtenvertretung oder kommt es nicht zur Bildung eines Integrationsteams, hat der Arbeitgeber z. B. die Möglichkeit, den Betriebsarzt mit der Durchführung der einzelnen Verfahren des betrieblichen Eingliederungsmanagements zu beauftragen.

➤ Externe Partner

Externe Partner erbringen Leistungen zur Teilhabe in Form von Beratung, Fördermitteln, Assistenzleistungen am Arbeitsplatz oder externen Maßnahmen zur Rehabilitation und Qualifizierung. Sie unterstützen den Arbeitgeber mit Beratungen. Wenn sich die Möglichkeiten eines Mitarbeiters zwischen Arbeit, Krankheit, Rehabilitation und Rente bewegen, sind genau diese externen Institutionen zu beteiligen.

Folgende Beispiele für externe Partner sind hier zu nennen:

- Gemeinsame Servicestellen
- Rentenversicherungsträger
- Berufsgenossenschaften
- Krankenkassen
- Agentur für Arbeit
- Integrationsamt soweit es sich um schwerbehinderte Menschen handelt
- Integrationsfachdienst bei Gleichgestellten
- Ärzte
- Reha-Kliniken

Der regelmäßige Kontakt mit den externen Partnern vergrößert deren Verständnis für die betrieblichen Belange. Der hohe Sachverstand von diesen Institutionen kann in die Entscheidungen einbezogen werden, damit das gesamte Verfahren davon profitiert.[7]

---

[7] Vgl. Frühzeitig handeln - Chancen sichern! Betriebliches Eingliederungsmanagement, 214.0 – LWV InA Hessen 2005, S. 6.

5 Voraussetzungen des betrieblichen Eingliederungsmanagements

Zu der sachlichen Voraussetzung zählt, dass das betriebliche Eingliederungsmanagement einsetzt, sobald die zeitliche Grenze von **sechs Wochen Arbeitsunfähigkeit** überschritten ist. Der Bezugszeitraum beträgt ein Jahr (nicht Kalenderjahr). Unerheblich ist, ob eine zusammenhängende Arbeitsunfähigkeit oder mehrere Arbeitsunfähigkeitszeiten vorliegen. Auch die Ursachen spielen keine Rolle. Das betriebliche Eingliederungsmanagement ist auch dann durchzuführen, wenn die Arbeitsunfähigkeit noch andauert. Wie bei Kurzerkrankungen oder Teilzeitbeschäftigten der Sechs-Wochen-Zeitraum ermittelt wird, sagt das Gesetz nicht. Es bietet sich an, entsprechend den Regelungen des Bundesurlaubsgesetz (BUrlG) vorzugehen. Damit sind sechs Wochen bei einer Fünf-Tage-Woche 30 Arbeitstage (6 × 5). Bei einer Drei-Tage-Woche sind es 6 × 3 = 18 Arbeitstage.[8]

Die Betriebsgröße ist gänzlich zu vernachlässigen, denn der Gesetzeslaut besagt, dass alle Arbeitgeber dazu verpflichtet sind, ein betriebliches Eingliederungsmanagement durchzuführen. Es macht somit keinen Unterschied, ob es sich um einen Groß-, Mittel- oder Kleinbetrieb handelt.

Unabdingbar ist hingegen, den Beschäftigten vor Durchführung des betrieblichen Eingliederungsmanagements zu informieren und seine Zustimmung einzuholen. Diese Zustimmung kann formlos vom Beschäftigten erklärt werden. Sollte der Beschäftigte nämlich die Zustimmung verweigern, darf das Verfahren nicht begonnen werden. Selbst wenn das Verfahren schon läuft – mit vorheriger Zustimmung – müssen die Maßnahmen beendet werden, wenn der Beschäftigte dies wünscht. Dieser Vorbehalt ist Ausdruck des Selbstbestimmungsrechts des behinderten Menschen und von Behinderung bedrohten gemäß § 1 SGB IX. Der Arbeitgeber sollte aber im Hinblick auf den Kündigungsschutzprozess der krankheitsbedingten Kündigung eine Zustimmungsverweigerung dokumentieren. Damit wäre die Pflicht des Arbeitgebers erfüllt. Stimmt der Beschäftigte nach Abbruch dem Verfahren wieder zu, beginnt die Pflicht

---

[8] Vgl. Haufe Verlag (Hrsg.): CD-Rom Arbeitsrecht, Version 5.3.0.0, Stand 02.10.2007, HaufeIndex: 1330744.

der Durchführung erneut.[9]

---

[9]   Vgl. Haufe Verlag (Hrsg.): CD-Rom Arbeitsrecht, Version 5.3.0.0, Stand
02.10.2007, HaufeIndex: 1330744.

6 Ziele des betrieblichen Eingliederungsmanagements

Die Durchführung des betrieblichen Eingliederungsmanagements hat nach dem Wortlaut von § 84 Abs. 2 SGB IX zum Ziel, die bestehende Arbeitsunfähigkeit möglichst zu überwinden, einer erneuten Arbeitsunfähigkeit vorzubeugen und/oder den Arbeitsplatz zu erhalten. Geeignete Präventionen sollen Erkrankungen, die zum Verlust des Arbeitsplatzes führen könnten, verhindern und entgegenwirken. Geschieht dies frühzeitig, ist es sehr wahrscheinlich, für den betroffenen Menschen, den Verlust des Arbeitsplatzes zu verhindern. Chronisch Kranke und/oder behinderte Menschen kann durch die Intervention so eine Chance gegeben werden, sich wieder einzugliedern. Somit wird durch den dauerhaften Erhalt des Arbeitsverhältnisses der Druck, der auf den Beschäftigten liegt und das damit verbundene Leid, genommen, andererseits werden aber auch erhebliche Kosten für den Arbeitnehmer gespart. Denn bei einem Ausfall des Beschäftigten drohen Folgekosten durch Entgeltfortzahlung und Vertretungen. Ein weiteres Ziel ist der Frühverrentung entgegenzuwirken, damit die Lebensarbeitszeit verlängert wird.[10] Zum einen ist das Potenzial des Beschäftigten wichtig für das Unternehmen, aber auch der Staat profitiert von einer längeren Lebensarbeitszeit. Die Krankenkassen werden durch die Präventionen weniger in Anspruch genommen. Die Sozialversicherungsbeiträge fließen und Steuern werden weiter an den Staat gezahlt. Auch dies ist ein Grund, warum der Gesetzgeber die Umsetzung des § 84 Abs. 2 SGB IX fordert.

---

[10] Vgl. Haufe Verlag (Hrsg.): CD-Rom Arbeitsrecht, Version 5.3.0.0, Stand 02.10.2007, HaufeIndex: 1344306.

7 Maßnahmen des betrieblichen Eingliederungsmanagements

Zielsetzung	Arbeitsunfähig-keit vorbeugen	Arbeitsunfähig-keit überwinden	Arbeitsplatz erhalten
	↓	↓	↓
Maßnahmen	Prävention	Rehabilitation	Integration
Beispiele	➢ Vermeidung von arbeitsbe-dingten Gesundheits-verfahren ➢ Gesundheits-förderungs-maßnahmen ➢ Filterung von Fehlbeanspru-chungen	➢ Ambulante oder stationä-re Maßnah-men der me-dizinischen und berufli-chen Rehabili-tation ➢ Stufenweise Wiederein-gliederung ➢ Arbeits- und Belastungser-probung	➢ Veränderung des Arbeits-platzes und/oder Ar-beitszeit ➢ Versetzung Innerbetriebli-che Qualifizie-rung

Abbildung 3: Zentrale Maßnahmen des BEM

Quelle: In Anlehnung an >>Schübel, Wieder an Bord! Betriebliches Eingliede-rungsmanagement<<, S. 13.

7.1 Die Prävention

Im § 84 Abs. 2 SGB IX ist von den Maßnahmen der Prävention, der Überwindung von Arbeitsunfähigkeit und von der Erhaltung von Arbeitsplätzen die Rede. Die Maßnahmen des betrieblichen Eingliederungsmanagements sollen sicherstellen, dass der Beschäftigte rehabilitiert statt entlassen wird. Dies geschieht mit Hilfe von Prävention, Rehabilitation und Integration.

Unter Prävention versteht man eine vorbeugende Maßnahme, mit der eine Krankheit oder eine Verschlechterung des Gesundheitszu-standes entgegengewirkt werden soll. Prävention soll also eine

Krankheit verhindern und sie nicht behandeln.

Es gibt unterschiedliche Arten von Präventionen:[11]

➤ Primäre Prävention soll das erstmalige Auftreten einer Krankheit vermeiden.

➤ Sekundärprävention soll Krankheiten möglichst früh entdecken, um rechtzeitige Therapien einleiten zu können.

➤ Tertiärprävention soll Folge- und Spätschäden, bereits eingetretener Erkrankungen verzögern, begrenzen oder möglichst verhindern. Die Verschlimmerung einer vorhandenen Krankheit soll somit vermieden werden.

Prävention kann auf zwei Ebenen ansetzen:

➤ Ziel kann es sein, die Verhältnisse der Lebens-, Arbeits- und Umweltbedingungen zu ändern, unter denen Menschen leben, sodass die Gesundheitsgefahren am Arbeitsplatz minimiert werden.

➤ Der zweite Ansatz wäre, das Verhalten der Beschäftigten so zu verändern, dass jeder selbst etwas für die Erhaltung der Gesundheit tut.

7.2 Die Überwindung der Arbeitsunfähigkeit

Unter der Überwindung der Arbeitsunfähigkeit versteht man die medizinische Rehabilitation des Beschäftigten. Geregelt sind die Leistungen zur medizinischen Rehabilitation in § 26 SGB IX. Gemäß Abs. 1 Nr. 1 werden die erforderlichen Leistungen zur medizinischen Rehabilitation behinderter und von Behinderung bedrohter Menschen erbracht, um Behinderungen einschließlich chronischer Krankheiten abzuwenden, zu beseitigen, zu mindern, auszugleichen und eine Verschlimmerung zu verhüten. Nach Nr. 2 gilt es, die Einschränkungen der Erwerbsfähigkeit und der Pflegebedürftigkeit zu vermeiden, zu überwinden oder zu mindern. Ebenso ist eine Verschlimmerung zu verhüten. Dies zielt darauf ab, Sozialleistungen zu vermeiden oder laufende Sozialleistungen zu mindern.

Der Schwerpunkt für die Überwindung von Arbeitsunfähigkeiten liegt hierbei in der stufenweisen Wiedereingliederung – das so genannte *Hamburger Modell*. Hier soll der arbeitsunfähige Arbeitneh-

---

[11] Vgl. http://www.ptk-hamburg.de, Seite 3 vom 23.07.2008.

mer nach längerer schwerer Krankheit schrittweise an die volle Arbeitsbelastung herangeführt werden, wodurch der Übergang zur vollen Berufstätigkeit erleichtert wird. Während der stufenweisen Wiedereingliederung ist der Arbeitnehmer noch krankgeschrieben.[12] Der Beschäftigte gilt somit weiterhin als arbeitsunfähig. Eine gesetzliche Regelung für diese Maßnahme findet man im § 74 SGB V sowie im § 28 SGB IV.

Die stufenweise Wiedereingliederung kann dann durchgeführt werden, wenn der behandelnde Arzt feststellt, dass der betroffene Mitarbeiter seine bisherige Tätigkeit - zumindest teilweise - wieder verrichten kann. Alle beteiligten Personen des Verfahrens müssen sodann einen Stufenplan erstellen. Als Grundlage hierfür dienen ärztliche Befundunterlagen und Ergebnisse der Gefährdungsbeurteilung. Ein Profilvergleichsverfahren wird durchgeführt, indem die Arbeitsplatzanforderungen und Leistungsfähigkeit miteinander abgeglichen werden. Mitunter kann es sein, dass der Arbeitplatz durch ergonomische oder organisatorische Arbeitsplatzgestaltung angepasst werden muss. Falls keine Einwände seitens der beteiligten Personen vorliegen, kann das Verfahren unter Aufsicht des behandelnden Arztes durchgeführt werden.[13]

7.3 Die Erhaltung des Arbeitsplatzes

Um eine Erhaltung des Arbeitplatzes zu gewährleisten, muss eine Integration des Beschäftigten im Unternehmen erfolgen. Diese erfolgt i. d. R. nachdem die Arbeitsunfähigkeit überwunden wurde. Maßnahmen könnten hierfür eine Veränderung des Arbeitsplatzes und/oder der Arbeitszeit sein, aber auch eine Versetzung wäre denkbar, wenn keine Verbesserungen am alten Arbeitsplatz möglich sind.

Eine weitere denkbare Möglichkeit bestünde darin, dass der Beschäftigte durch innerbetriebliche Qualifizierungen eine andere Stelle besetzen könnte, die eine Wiedereingliederung in das Unternehmen optimiert.

---

[12] Vgl. http://www.betanet.de vom 05.05.2008.
[13] Vgl. http://www.talentplus.de vom 05.05.2008.

8 Betriebliches Eingliederungsmanagement als Schema F?

Für das betriebliche Eingliederungsmanagement gibt es nicht für jeden Betroffenen das gleiche *Schema F*. Es gibt verschiedene Maßnahmen in punkto Überwindung von Arbeitsunfähigkeit und Erhaltung von Arbeitsplätzen. Diese sollten auch möglichst genutzt werden, um eine hohe Wahrscheinlichkeit zu haben, dass der betroffene Beschäftigte wieder eingegliedert werden kann bzw. erst gar nicht krank wird. Generell gibt es aber für alle Arbeitgeber kein vorgeschriebenes, ein immer gleiches Vorgehen oder ein fertiges Schema zum Abarbeiten. Jeder Mensch ist individuell und dies trifft auch auf die verschiedenen Leiden eines Arbeitnehmers zu. Auch die Umsetzung in den Unternehmen läuft unterschiedlich ab. Bei einem Großkonzern wäre es zum Beispiel sinnvoll, einen regelmäßigen *runden Tisch* einzuberufen. Hier könnten zum Beispiel einmal wöchentlich Sitzungen abgehalten werden, die sich mit neuen oder noch laufenden Problematiken auseinandersetzen. In kleinen Betrieben wäre dies hingegen nicht notwendig, da Lösungsfindungen meist auf *dem kleinen Dienstweg* zu erreichen sind und man die Probleme des Beschäftigten in aller Regel schnell erkennt. Wichtig ist also eine auf die Gegebenheiten der jeweiligen Organisation abgestimmte Vorgehensweise, die in jedem Einzelfall Anwendung findet.[14] Dies ist auch aus dem Begriff *betriebliches Eingliederungsmanagement* zu entnehmen. Denn gerade der Zusatz *betrieblich* drückt aus, dass es sich um ein möglichst betriebsbezogenes Vorgehen handelt. Für die erfolgreiche Abwicklung ist es nur wichtig, dass das Vorgehen bekannt und transparent ist.[15]

Man muss also immer bei dem ganzen Verfahren daran denken, dass das betriebliche Eingliederungsmanagement genau so viel Prozessschritte umfasst, wie im Einzelfall erforderlich sind, um das Ziel für beide Seiten zu erreichen. Das heißt, mal reichen wenige Schritte mit wenigen Beteiligten aus und mal ist der Prozess so aufwendig, dass ein Hinzuziehen von Spezialisten und mehrerer Beteiligten unumgänglich ist. Entscheidend ist dabei nur das Ergebnis, welches am Ende zu verbuchen steht.[16]

---

[14] Vgl. Dipl.-Psych. Ulrich F. Schübel, Leiter IVUT, Wieder an Bord! Betriebliches Eingliederungsmanagement, S. 15.

[15] Vgl. Handlungsempfehlungen zum betrieblichen Eingliederungsmanagement, LWL, S. 5.

[16] Vgl. Handlungsempfehlungen zum betrieblichen Eingliederungsmanagement, LWL, S. 5.

Da dieses Verfahren, um das betriebliche Eingliederungsmanagement, noch relativ neu ist, heißt es mit diesem dynamischen Instrument auch tatsächlich zu arbeiten, um die Erfahrungen in der Zukunft wieder einzusetzen. Man nimmt sozusagen das gewonnene Wissen aus der Praxis – für die Praxis. Ein kontinuierlicher Entwicklungsprozess ist die Folge. Diese Einstellung muss aber im Betrieb gelebt werden. Denn ein bis ins Detail ausgereiftes Konzept nützt niemandem, wenn es nicht auch so umgesetzt wird. Man sollte daher lieber versuchen Ergebnisse zu erzielen, als nur an *dem perfekten Konzept* zu feilen. Es bestünde ansonsten die Gefahr, ein zu kompliziertes Verfahren sowohl für den Arbeitnehmer, als auch für den Arbeitgeber zu entwickeln. Dies würde nur abschrecken und wäre damit wenig hilfreich. Der Aufwand und die Energie, die in das Projekt gesteckt wurden, würden somit falsch investiert werden. Dies ist klar zu vermeiden.[17]

Um die Umsetzung bestmöglich zu gewährleisten ist es ratsam, sich mit den jeweiligen Servicestellen frühzeitig in Verbindung zu setzen. Anlaufpunkt kann dabei erstmal jede Servicestelle sein. Da jede Servicestelle ihren eigenen Leistungskatalog hat, kann es sein, dass man von dort aus zu einer anderen Stelle verwiesen wird. Dies geschieht aber mit der Servicestelle, die als erste Anlaufstelle präferiert wurde. Es kann somit durchaus sein, dass das Verfahren zunächst sogar mit zwei Servicestellen begonnen wird. Je nach Verlauf ist dann abzuwägen, welche die *Richtige* bzw. wer zuständig ist. Dies muss der jeweilige Einzelfall ergeben und ist auch nicht immer ganz einfach zu klären. Gegebenenfalls wird zum Beispiel eine Leistung von der Krankenkasse und eine von der Rentenversicherung bezahlt und durchgeführt. In der Regel setzt sich der Arbeitgeber mit den Servicestellen in Verbindung, da diese einfacher Kontakt herstellen können und die Hemmschwelle möglicherweise nicht so hoch ist. Obwohl den Beteiligten zu einem *Schema F* nicht zu raten ist, gibt es gleichwohl einen Ablauf an den man sich sinnvollerweise für ein erfolgreiches betriebliches Eingliederungsmanagement halten sollte. Dieser Ablauf beinhaltet sechs Schritte, die im weiteren Verlauf beschrieben werden.

---

[17] Vgl. Handlungsempfehlungen zum betrieblichen Eingliederungsmanagement, LWL, S. 6.

9   Ablauf des betrieblichen Eingliederungsmanagements

Der Ablauf des betrieblichen Eingliederungsmanagements ist in sechs Schritten eingeteilt. Insgesamt ist die Regelung aber sehr flexibel mit genügend Freiraum, sodass Rücksicht auf das jeweilige Unternehmen genommen werden kann.

1.	Einleitungsphase
2.	Informationsphase
3.	Zustimmung des Betroffenen
4.	Beginn der Gespräche
5.	Weitere Erörterungen
6.	Abschluss

Abbildung 4: Sechs Schritte zum Ergebnis.
Quelle: Eigene Darstellung.

Der erste Schritt ist die Einleitungsphase:

Der Arbeitgeber hat das Entscheidungsrecht, ob und wann mit dem betrieblichen Eingliederungsmanagement begonnen wird. Gemäß § 84 Abs. 2 Satz 7 SGB IX kann allerdings die Interessenvertretung oder die Schwerbehindertenvertretung bei Vorliegen der gesetzlichen Voraussetzungen ein Tätigwerden verlangen. Um die genauen Fehlzeiten des Arbeitnehmers darlegen zu können, muss der Arbeitgeber eine Fehlzeitenstatistik verwenden. Diese EDV-gestützte Auswertung der Fehlzeiten ist nach § 87 Abs. 1 Nr. 6 Betriebsverfassungsgesetz (BetrVG) mitbestimmungspflichtig. Einer entsprechenden Betriebs-/ Dienstvereinbarung wird sich die Interessenvertretung aber nicht entziehen können.[18]

---

[18] Vgl. Haufe Verlag (Hrsg.): CD-Rom Arbeitsrecht, Version 5.3.0.0, Stand 02.10.2007, HaufeIndex: 1330753.

Der zweite Schritt ist die Informationsphase:

Um dem Beschäftigten die Angst vor einer Maßnahme nach § 84 Abs. 2 SGB IX zu nehmen, ist eine ausführliche Information zwingend notwendig. Eine Vertrauensbasis muss geschaffen werden. Der Arbeitgeber muss den Beschäftigten zunächst über die Ziele des betrieblichen Eingliederungsmanagements und über die erhobenen und verwendeten Daten informieren. Dies geht auch aus § 84 Abs. 2 S. 3 SGB IX hervor. Es ist davon auszugehen, dass sich die verwendeten Daten in diesem frühen Stadium vorerst auf die Fehlzeiten der betroffenen Person beziehen. Später können auch die Krankheitsbilder hinzukommen. Aber nur die durch das betriebliche Eingliederungsmanagement bekannt gewordenen Daten, dürfen gemäß § 28 Abs. 6 Nr. 3 Bundesdatenschutzgesetz (BDSG) gespeichert werden. Falls der Betriebs- oder Personalrat vielleicht einen leichteren Zugang zu dem Beschäftigten findet bzw. hat, können diese Informationen auch auf diese übertragen werden. Auch der Beauftragte des Arbeitgebers nach § 98 SGB IX ist eine geeignete Kontaktperson.[19]

Der dritte Schritt ist die Zustimmung des Betroffenen einzuholen:

Wie eingangs schon erwähnt, hat der behinderte Mensch oder von Behinderung bedrohte aufgrund der Selbstbestimmung nach § 1 SGB IX das Recht, frei zu entscheiden, ob dieser dem Verfahren zustimmt. Die Entscheidung kann mündlich, schriftlich, als auch konkludent abgegeben werden. Für den Arbeitgeber ist zu empfehlen, jede Zustimmung zu akzeptieren, auch wenn er die Zustimmung nur eingeschränkt erteilt, z. B. mit der Einschränkung, dass die Erörterung nur unter Beteiligung bestimmter Personen vorgenommen wird. So wird eine Diskussion bei einer späteren Kündigung über die ordnungsgemäße Durchführung des betrieblichen Eingliederungsmanagements vermieden, da der Ablauf immer im Sinne des Arbeitnehmers war.[20]

---

[19] Vgl. Haufe Verlag (Hrsg.): CD-Rom Arbeitsrecht, Version 5.3.0.0, Stand 02.10.2007, HaufeIndex: 1330753.

[20] Vgl. Haufe Verlag (Hrsg.): CD-Rom Arbeitsrecht, Version 5.3.0.0, Stand 02.10.2007, HaufeIndex: 1330753.

Der vierte Schritt ist der Beginn der Gespräche:

Das Gesetz regelt keine Einzelheiten zu den Gesprächspartnern. In der Regel werden dies Arbeitgeber, Interessenvertretung, Betroffener und ggf. die Schwerbehindertenvertretung sein. Sinnvoll wäre es, wenn Arbeitgeber und Interessenvertretung das Verfahren durch Betriebs-/Dienstvereinbarung oder durch die Integrationsvereinbarung nach § 83 Abs. 2 a Nr. 5 SGB IX regeln würden. Im Vordergrund sollten bei dem Gespräch der Gesundheitszustand des Beschäftigten und eventuell mögliche Hilfsangebote bzw. Maßnahmen stehen. Der Beschäftigte sollte im Gespräch auch darauf hingewiesen werden, dass eine aktive Mitarbeit im betrieblichen Eingliederungsmanagement erwünscht ist und auch in seinem Interesse liegt. Im Anschluss an das Gespräch sollte eine Vereinbarung über das weitere Vorgehen getroffen werden, die die Grundlage für die weiteren Gespräche bildet. Inhaltlich könnte man die zeitliche Abfolge und den Inhalt der Gespräche regeln. Ferner sollte man das Hinzuziehen weiterer Personen in das Verfahren, unter Angabe des Zeitpunktes, festhalten. Man könnte auch die Bekräftigung der Schweigepflicht der Beteiligten über die bekannt gewordenen Daten, vor allem der Krankheitsbilder des Beschäftigten regeln und die Ärzte von der Schweigepflicht entbinden.[21]

Der fünfte Schritt beinhaltet weitere Erörterungen:

In den weiteren Erörterungen muss auf das aktuelle Krankheitsbild abgestellt werden. Es muss geklärt werden, ob es sich um einen langzeiterkrankten Beschäftigten handelt oder ob häufige Kurzerkrankungen im Vordergrund stehen. Beim Langzeiterkrankten stellt sich die Frage, ob nach dem aktuellen Gesundheitszustand eine Aussicht auf baldige Genesung besteht. Es muss aber auch geklärt werden, ob die Einsatzfähigkeit des Beschäftigten voll wieder hergestellt oder eingeschränkt sein wird und wie sich Einschränkungen auf die weitere Arbeit auswirken kann. Bei Kurzzeiterkrankten stellt sich eher die Frage, wo die Ursachen liegen. Hier muss geprüft werden, ob ausschließlich betriebliche Ursachen oder aber auch die persönlichen Lebensumstände des Beschäftigten der Grund dafür sind. Eventuell spielen sogar beide Gründe zusammen eine Rolle. Nach der ausgiebigen Analyse sollte dringend nach Hilfsmöglichkeiten und Maßnahmen gesucht werden. Um eine effiziente Lösung zu

---

[21] Vgl. Haufe Verlag (Hrsg.): CD-Rom Arbeitsrecht, Version 5.3.0.0, Stand 02.10.2007, HaufeIndex: 1330753.

finden, sollten Servicestellen aufgesucht werden, wie etwa das Integrationsamt, die dem Betroffenen während des betrieblichen Eingliederungsmanagements zur Seite stehen.[22]

Der sechste Schritt beendet das betriebliche Eingliederungsmanagement:

Ein endgültiger Abschluss des betrieblichen Eingliederungsmanagements ist dann erreicht, wenn der Beschäftigte dauerhaft gesundet und bei Krankheiten unter die Sechswochengrenze des § 84 Abs. 2 S. 1 SGB IX fällt oder das Beschäftigungsverhältnis endet. Das Verfahren muss bei Nichtgenesung oder bei erneutem Rückfall bzw. Neuerkrankung abermals beginnen. Falls aber alle Maßnahmen sowie vom Arbeitgeber als auch von Seiten der Servicestellen erschöpft sind und keine Möglichkeiten bestehen den Beschäftigten erfolgreich einzugliedern, ist eine Grenze erreicht. Das betriebliche Eingliederungsmanagement endet auch bei dieser Konstellation.[23]

---

[22] Vgl. Haufe Verlag (Hrsg.): CD-Rom Arbeitsrecht, Version 5.3.0.0, Stand 02.10.2007, HaufeIndex: 1330753.
[23] Vgl. Haufe Verlag (Hrsg.): CD-Rom Arbeitsrecht, Version 5.3.0.0, Stand 02.10.2007, HaufeIndex: 1330753.

10 Mitarbeitergespräch beim betrieblichen Eingliederungsmanagement

Das Mitarbeitergespräch beim betrieblichen Eingliederungsmanagement hat eine wichtige Stellung im Verfahren. Denn hierbei wird dem Beschäftigten sowohl die Zielsetzung des betrieblichen Eingliederungsmanagements als auch Art und Umfang der zu erhebenden und zu verwendenden Daten näher gebracht. Die Gespräche mit dem Betroffenen finden statt, um das Verfahren vorzubereiten mit Hilfe einer bedarfs- und einzelfallorientierten Maßnahmenentwicklung. Für diese bedarfs- und einzelfallorientierte Maßnahmenentwicklung ist eine psychosoziale Begleitung, Beratung und Unterstützung notwendig. Hierfür kommen betriebliche wie auch außerbetriebliche Personen und Stellen in Frage. Als Bespiel für außerbetriebliche Personen und Stellen könnten Gesundheitsexperten der Krankenkassen oder der Integrationsfachdienste genannt werden.[24] Im Falle der betrieblichen Organisation kommen potenziell folgende Personen und Stellen in Frage:[25]

> ➤ Betriebs-, Personalrat und Schwerbehindertenvertretung

> ➤ Betriebliche Sozialberatung

> ➤ Gesundheitsbeauftragte des Unternehmens

> ➤ Betriebsarzt

> ➤ Suchtberater

Höchste Priorität ist, dass die Personen und Stellen über eine an den Anforderungen orientierte Qualifikation und eine unabhängige Stellung gegenüber dem Arbeitgeber verfügen. Da der Druck auf den betroffenen Arbeitnehmer vermieden werden soll und in der Regel eine Langzeiterkrankung außergewöhnliche Belastungen hervorruft, sollten die Gespräche von einzelnen Personen geführt werden.[26] So hat das Unterfangen einen persönlichen Charakter und der Beschäftigte geht offener in das Gespräch.

Vor diesem Hintergrund ist das Mitarbeitergespräch beim betrieblichen Eingliederungsmanagement von anderen Gesprächen abzu-

---

24 Vgl. Ralf Stegmann, ver.di Bundesverwaltung, Prävention und Eingliederungsmanagement, S. 30.

25 Ralf Stegmann, ver.di Bundesverwaltung, Prävention und Eingliederungsmanagement, S. 30.

26 Vgl. Ralf Stegmann, ver.di Bundesverwaltung, Prävention und Eingliederungsmanagement, S. 30.

grenzen, da sie nicht auf eine Wiedereingliederung, der Beschäftigungssicherung und -förderung dienen.

Beispiele hierfür sind das sogenannte Vorgesetztengespräch oder das dem Anschein nach ähnelnde Krankenrückkehrgespräch. Das Vorgesetztengespräch ist ein wesentliches Instrument der Personalentwicklung. Dieses soll zwar zur Optimierung der Arbeitsleistungen und Arbeitsbedingungen eingesetzt werden, durch den Vorgesetzten als Ansprechpartner ist diese Variante wohl aber eine schlechte Maßnahme. Vorgesetzte sind aus ihrer Position heraus in der Regel den objektiven Anforderungen und Zielsetzungen dieser Gesprächsführung nicht gewachsen. Das Gespräch sollte frei von möglichen bestehenden Konflikten geführt werden können, damit es zu einer umfassenden und bedarfsgerechten Beratung und Maßnahmenentwicklung kommt.[27]

Vom zweiten genannten Gespräch – dem Krankenrückkehrgespräch – sollte im Verfahren des betrieblichen Eingliederungsmanagements Abstand genommen werden. Die Mitarbeitergespräche die geführt werden sollen, dienen nicht der Disziplinierung der Mitarbeiter, sondern der Hilfe und Unterstützung, der sinnvoll geplanten und durchgeführten Beschäftigungssicherung und -förderung. Somit ist es nicht ratsam für die Umsetzung des § 84 Abs. 2 SGB IX Krankenrückkehrgespräche mit den seinen Disziplinierungsmaßnahmen einzuführen, denn damit stellt man sich gegen die Zielrichtung des Gesetzes.[28] „In diesem Falle würde aus dem betrieblichen Eingliederungsmanagement ein Ausgliederungsmanagement!"[29]

Zwar wird das Krankenrückkehrgespräch mit dem Motivationsgespräch eingeleitet, um eine Vertrauensbildung nach der Rückkehr des Betroffenen aus der Krankheit zu erlangen. Doch schon in der zweiten Stufe – dem Mitarbeitergespräch – werden dem Mitarbeiter seine Fehlzeiten dargelegt inklusive der Auswirkungen für die jeweilige Abteilung. Eine Demotivation und Einschüchterung könnte ausgelöst werden. Spätestens aber mit der dritten Stufe (Personalgespräch) und vierten Stufe (Fehlzeitengespräch), wo dem Beschäftigten mit Konsequenzen und einer eventuellen Kündigung gedroht

---

[27] Vgl. Ralf Stegmann, ver.di Bundesverwaltung, Prävention und Eingliederungsmanagement, S. 30.

[28] Vgl. Ralf Stegmann, ver.di Bundesverwaltung, Prävention und Eingliederungsmanagement, S. 30.

[29] Ralf Stegmann, ver.di Bundesverwaltung, Prävention und Eingliederungsmanagement, S. 30.

wird, kann keine Rede mehr von Eingliederung sein. Jegliche Elemente von Prävention, Rehabilitation und Integration werden hier vermisst. Das Krankenrückkehrgespräch dient in der Regel nur dem Zweck, Arbeitnehmer dazu anzuhalten, auch bei Erkrankungen ihrer Tätigkeit nachzukommen.[30] Eine Abgrenzung zu den Maßnahmen, die beim betrieblichen Eingliederungsmanagement durchgeführt werden, ist somit strikt vorzunehmen.

---

[30] Vgl. Britschgi, Krankheit und betriebliches Eingliederungsmanagement, S. 44, 45, 46.

11 Rechte und Pflichten der Beteiligten

11.1 Rechte und Pflichten des Arbeitgebers

Die Einleitung des betrieblichen Eingliederungsmanagements obliegt dem Arbeitgeber. Falls die sachlichen Voraussetzungen des betrieblichen Eingliederungsmanagements vorliegen, ist der Arbeitgeber verpflichtet, unter Einbindung der Interessen- und gegebenenfalls Schwerbehindertenvertretung, auf den betroffenen Beschäftigten zuzugehen. Der Gesetzgeber wünscht sich diese Vorgehensweise des Arbeitgebers. Eine Sanktionierung reformresistenter Arbeitgeber ist aber nicht zu erwarten, da ein Verstoß gegen die Vorschrift des § 84 Abs. 2 SGB IX keine Ordnungswidrigkeit gemäß § 156 SGB IX darstellt. Vielmehr ist die Präventionsvorschrift als Anreizsystem zu verstehen, dass gemäß § 84 Abs. 4 SGB IX von Rehabilitationsträgern und Integrationsämtern durch Prämien oder einen Bonus gefördert wird. Jedoch können Arbeitgeber, die das betriebliche Eingliederungsmanagement ignorieren, mittelbar, das heißt in anderen Zusammenhängen, wie z. B. dem Kündigungsschutzverfahren, Konsequenzen entgegen sehen.[31] Schon nach der Rechtsprechung[32] der Verwaltungsgerichte zum § 84 SGB IX a. F. wurde hervorgehoben, dass ein Verstoß gegen das Präventionsgebot dieser Vorschrift zur formalen Rechtswidrigkeit einer Personalmaßnahme führen kann. Dies betrifft nicht nur die Frage der Wirksamkeit einer Kündigung aus krankheitsbedingten Gründen. Bereits eine ungünstige dienstliche Beurteilung, die auf personenbedingte, insbesondere gesundheitliche Schwierigkeiten zurückzuführen sein kann, ist ohne Berücksichtigung des Verfahrens nach § 84 Abs. 2 SGB IX unwirksam.[33]

Des Weiteren ist der Arbeitgeber dazu verpflichtet, den betroffenen Beschäftigten über Art und Umfang der erhobenen und verwendeten Daten aufzuklären, die im Rahmen des betrieblichen Eingliederungsmanagements von Bedeutung sind. Aber auch die Daten, die vor dem Verfahren gesammelt wurden, wie die Fehlzeiten des Beschäftigten, sind erforderlich für das Verfahren, um überhaupt die

---

[31] Vgl. Britschgi, Krankheit und betriebliches Eingliederungsmanagement, S. 24, 25.

[32] Vgl. OVG Mecklenburg-Vorpommern, Beschluss v. 09.10.2003, AZ: 2 M 105/03, n. v.

[33] Vgl. OVG Mecklenburg-Vorpommern, Beschluss v. 09.10.2003, AZ: 2 M 105/03, n. v.

Voraussetzungen zu prüfen. Der Datenschutz gemäß dem Bundesdatenschutzgesetz muss dabei vom Arbeitgeber gewahrt werden. Insbesondere der § 1 Abs. 2 Nr. 3 BDSG findet dabei Anwendung, sobald der Arbeitgeber Daten eines erkrankten Arbeitgebers – sei es automatisch oder manuell – verwaltet. Dem Arbeitgeber stehen im Wesentlichen zwei Möglichkeiten zur Verfügung, bei der Erfassung rechtmäßiger Daten im Zusammenhang mit dem betrieblichen Eingliederungsmanagement, um den Anforderungen des Bundesdatenschutzgesetzes gerecht zu werden:

Dies ist zum einen die ausdrückliche Einwilligung des Betroffenen, die den besonderen Formerfordernissen des § 4a BDSG entsprechen muss. Das heißt, dass der betroffene Arbeitnehmer im Vorfeld der Datenerfassung seine Zustimmung schriftlich erteilen muss. Außerdem ist der Betroffene in diesem Zusammenhang auf sämtliche Daten, auf die sich seine Einwilligung bezieht, hinzuweisen. Dies betrifft den Zweck der Datenverarbeitung und gegebenenfalls den Zweck und Empfänger von vorgesehenen Datenübermittlungen.

Zum anderen kann in eingeschränktem Umfang auf einen so genannten Erlaubnistatbestand zurückgegriffen werden. Dies betrifft die Datenerfassung aufgrund gesetzlicher Bestimmungen, die auch ohne vorherige Zustimmung des Betroffenen, eine Verwendung rechtfertigt. Dies erfolgt aus § 28 Abs. 6 Nr. 3 BDSG. Danach ist die Erhebung besonderer Arten personenbezogener Daten zulässig, soweit dies zur Geltendmachung, Ausübung oder Verteidigung rechtlicher Ansprüche erforderlich ist und kein Grund zu der Annahme besteht, dass das schutzwürdige Interesse des Betroffenen den Ausschluss der Datenerhebung überwiegt. Nach überwiegender Auffassung haben Arbeitgeber ein berechtigtes Interesse festzustellen und per Datenerhebung zu erfassen, inwiefern Krankheits- und Fehlzeiten das Arbeitsverhältnis beeinflussen.[34] Solch eine Datenerfassung bedarf allerdings der Mitbestimmung des Betriebsrats im Rahmen des § 87 Abs. 1 Nr. 6 BetrVG, unabhängig von § 84 Abs. 2 SGB IX.[35] Eine ausdrückliche Zustimmung des Betroffenen ist jedoch erforderlich, wenn es sich um eine erweiterte Datenerhebung handelt. Darunter fallen Informationen wie Krankheitsdauer und -ursache hinausgehende Daten, die vom Arbeitgeber erhoben werden wollen.

---

[34] Vgl. Britschgi, Krankheit und betriebliches Eingliederungsmanagement, S. 26.

[35] Vgl. BAG, Urteil v. 11.03.1986 – 1 ABR 12/84, in AP Nr. 14 zu § 87 BetrVG Überwachung.

Dies ist durch den Erlaubnistatbestand des § 28 Abs. 6 Nr. 3 BDSG nicht gedeckt. Sollten trotz fehlender Erlaubnis diese Daten erhoben werden, stellt dies eine Ordnungswidrigkeit gemäß § 43 Abs. 2 Nr. 1, Nr. 3 BDSG dar, die mit einer Geldbuße von bis zu 250.000 Euro geahndet werden kann.[36]

11.2 Rechte und Pflichten des Beschäftigten

Wie schon erwähnt wurde, hat der behinderte Mensch und von Behinderung bedrohte im Zuge der Selbstbestimmung gemäß § 1 SGB IX, das Recht zu entscheiden, ob, wann und wie das betriebliche Eingliederungsmanagement durchgeführt werden soll. Ohne die Zustimmung des Beschäftigten zur Durchführung von Rehabilitations- und Präventionsmaßnahmen, ist das eröffnete Verfahren wirkungslos. Es ist vom Willen des Betroffenen und von seiner Beteiligung abhängig. Die einmal im Vorfeld erteilte Zustimmung darf ihn aber nicht unabänderlich binden. Der betroffene Arbeitnehmer hat nämlich in jeder Phase das Bestimmungsrecht über Art und Umfang des betrieblichen Eingliederungsmanagements. Falls der Arbeitnehmer die Zustimmung verweigern sollte, darf das Verfahren nicht fortgeführt werden. Aufgrund der Tatsache, dass der Beschäftigte gesundheitlich geschwächt ist, bedarf es eines behutsamen Umgangs mit ihm. Eine Vertrauensbasis sollte geschaffen werden, in der die Grundlagen des betrieblichen Eingliederungsmanagements vermittelt wird, um darauf weiter aufzubauen. Somit wird das Risiko minimiert, dass das Verfahren eingestellt werden muss, weil der Beschäftigte die Zustimmung verweigert. Ein unverbindliches Angebot sollte dem Beschäftigten unterbreitet werden, damit die Bereitschaft zur Umsetzung des betrieblichen Eingliederungsmanagements steigt.

Nachdem der Beschäftigte zunächst einmal nur informativ angeschrieben wurde, mit dem Hinweis, dass er innerhalb der letzten 12 Monate mehr als sechs Wochen arbeitsunfähig war, hat der Beschäftigte die Möglichkeit weitere Rechte in Anspruch zu nehmen. Der Beschäftigte hat nun die Möglichkeit, von sich aus Kontakt zu einer näher bezeichneten Vertrauensperson aufzunehmen, um unverbindlich und vertraulich über etwaige Zusammenhänge zwischen der

---

[36] Vgl. Britschgi, Krankheit und betriebliches Eingliederungsmanagement, S. 27.

Arbeitsunfähigkeit und von der Arbeitstätigkeit bzw. der Arbeitsplatzgestaltung ausgehenden gesundheitlichen Störungen zu reden. Es sollte nur beachtet werden, dass dieser Ansprechpartner weder der Arbeitgeber oder noch ein Vorgesetzter des Betroffenen ist. Dieses erste Gespräch ist richtungweisend für alle weiteren Abläufe und bildet sozusagen das Fundament für das anstehende Verfahren. Ängste bezüglich der existenzdrohenden Frage des Arbeitsplatzverlustes wegen Arbeitsunfähigkeit sollten erst gar nicht aufkommen. Daher ist es wichtig, einen Gesprächspartner zu haben, der nicht kündigungsbefugt ist oder Einfluss auf das Kündigungsverfahren haben kann. Hilfreich könnte es sein, ein Merkblatt in einem Mitarbeitergespräch zu übergeben, in denen alle Rechte und Pflichten angegeben sind.[37]

Ein weiteres Recht, dass der Beschäftigte ausüben darf, ist das Initiativrecht. Erkennen leistungsgeminderte Arbeitnehmer, die unter den Anwendungsbereich des § 84 Abs. 2 SGB IX fallen, für sich die Möglichkeit, z. B. durch Reha-Maßnahmen, Veränderungen des Arbeitsplatzes, innerbetriebliche Qualifizierungen etc. in den Arbeitsprozess zurückkehren zu können, haben sie bei Untätigkeit des Arbeitsgebers das Recht, die Durchführung eines betrieblichen Eingliederungsmanagements von ihm einzufordern und erforderlichenfalls auch einzuklagen.[38] Denn mit Eintritt in die Phase des reinen Krankengeldbezuges, wird die Motivation vom Arbeitgeber immer geringer, den Beschäftigten wieder einzugliedern. Eine Initiative die allein vom Arbeitgeber ausgehen kann, ist somit nicht tragbar. Der Beschäftigte muss ein Recht haben, selbst agieren zu können. Dieses Recht hat er mit seinem Initiativrecht.[39]

In der BAG-Entscheidung vom 13.05.2004[40], deren Sachverhalt noch nicht in den Anwendungsbereich des § 84 Abs. 2 SGB IX fiel, hat das Gericht, für den Fall einer krankheitsbedingten Kündigung eines Arbeitnehmers, aufgeführt, dass diesen die Obliegenheit trifft, an den Versuchen des Arbeitgebers, für ihn eine anderweitige Beschäftigungsmöglichkeit zu finden, selbst kooperativ mitzuwirken, wenn er aus gesundheitlichen Gründen an seinem bisherigen Arbeitsplatz

---

[37] Vgl. Britschgi, Krankheit und betriebliches Eingliederungsmanagement, S. 28.

[38] Vgl. Gagel, NZA 2004, 1359, 1361.

[39] Vgl. Britschgi, Krankheit und betriebliches Eingliederungsmanagement, S. 30.

[40] Vgl. BAG, Urteil v. 13.05.2004 – 2 AZR 36/04, NZA 2004, S. 1271.

nicht mehr tätig sein kann. Diese Aspekte müssen berücksichtigt werden, falls ein betroffener Arbeitnehmer das betriebliche Eingliederungsmanagement ablehnt. Denn das Gesetz selbst lässt die Konsequenzen einer verweigerten Zustimmung des Beschäftigten völlig offen. Es ist daher zu erwarten, dass eine verweigerte Zustimmung zu Lasten des Betroffenen gewertet wird. Dem gekündigten Arbeitnehmer könnte eine Obliegenheitsverletzung vorgeworfen werden. Dies wird gleichermaßen für den Fall der Nichtäußerung des Beschäftigten gelten.[41]

11.3   Rechte und Pflichten des Betriebsrats

Der Betriebsrat gehört zu den betrieblichen Interessenvertretungen und erhält somit im Rahmen des § 84 Abs. 2 SGB IX eine hervorgehobene Rolle. Sobald ein Beschäftigter sechs Wochen ununterbrochen bzw. wiederholt arbeitsunfähig ist, soll laut Gesetzgeber im Idealfall, gemäß § 84 Abs. 2 Satz 1 SGB IX, der Arbeitgeber den Betriebsrat und gegebenenfalls die Schwerbehindertenvertretung, in das Verfahren einbinden. Mit deren Hilfe kann dann das weitere Vorgehen geklärt werden, um über entsprechende Maßnahmen zur Überwindung der Arbeitsunfähigkeit und Erhaltung des Arbeitsplatzes zu beraten. Gemäß § 84 Abs. 2 Satz 7 SGB IX hat der Betriebsrat die Aufgabe darüber zu wachen, dass der Arbeitgeber die ihm nach der Vorschrift des § 84 SGB IX obliegenden Verpflichtungen erfüllt und etwaigen weiteren Verpflichtungen aus betrieblichen Vereinbarungen nachkommt. Diese ausdrücklich normierte Überwachungspflicht korrespondiert mit dem Schutzauftrag des Betriebsrats nach § 80 Abs. 1 Nr. 1 und Nr. 4 BetrVG. Danach gehört es zu den allgemeinen Aufgaben des Betriebsrats, dass die zugunsten der Arbeitnehmer geltenden Gesetze, Verordnungen, Unfallverhütungsvorschriften, Tarifverträge und Betriebsvereinbarungen durchgeführt werden (Nr. 1). Weiter hat der Betriebsrat die Aufgabe, die Eingliederung Schwerbehinderter und sonstiger besonders schutzbedürftiger Personen zu fördern (Nr. 4).[42] Zu sonstigen besonders schutzbedürftigen Personen wurden bislang insbesondere behinderte Menschen gezählt, deren Grad der Behinderung (GdB) weniger als 50 beträgt oder auch Langzeitarbeitslose, die aufgrund

---

[41]   Vgl. Britschgi, Krankheit und betriebliches Eingliederungsmanagement, S. 30, 31.

[42]   Vgl. Britschgi, Krankheit und betriebliches Eingliederungsmanagement, S. 31.

von Eingliederungszuschüssen im Betrieb tätig sind.[43] In Anlehnung der Regelung des § 84 Abs. 2 SGB IX, wird dieser Personenkreis zukünftig auch auf Langzeiterkrankte und leistungsgeminderte Personen mit wiederholter oder langandauernder Arbeitsunfähigkeit auszudehnen sein.[44]

Gemäß § 84 Abs. 2 Satz 6 SGB IX, § 87 Abs. 1 Nr. 1 und 7 BetrVG hat der Betriebsrat das Initiativrecht. Die Eigeninitiative muss in dem Verfahren nicht immer erst vom Arbeitgeber ausgehen. Im § 84 Abs. 2 Satz 6 SGB IV heißt es, dass die zuständige Interessenvertretung im Sinne des § 93 SGB IX, bei schwerbehinderten Menschen die Klärung verlangen kann. Im Einzelfall steht somit diesem Gremium bei Untätigkeit des Arbeitgebers das Recht zu, die Durchführung eines betrieblichen Eingliederungsmanagements zu fordern. Somit steht dem Betriebsrat ein am jeweiligen Fall orientiertes Initiativrecht zu. Allerdings ist auch hier jeweils das Einverständnis des Arbeitnehmers erforderlich.[45] Da regelmäßig bei einem standardisierten Eingliederungsmanagement das Verfahren der betroffenen Arbeitnehmer mitgeregelt wird, ist der Bereich des Mitbestimmungsrechts des Betriebsrats nach § 87 Abs. 1 Satz 1 Nr. 1 BetrVG davon betroffen. Des Weiteren fällt das betriebliche Eingliederungsmanagement als Instrument des Gesundheitsschutzes in den Bereich der zwingenden betrieblichen Mitbestimmung des Betriebsrats gemäß § 87 Abs. 1 Satz 1 Nr. 7 BetrVG. Der nicht näher definierte Begriff Gesundheitsschutz umfasst alle Maßnahmen, die zu medizinischen feststellbaren Verletzungen oder Erkrankungen führen oder führen können.[46]

Das betriebliche Eingliederungsmanagement ist individuell zu gestalten und eröffnet so einen Regelungsspielraum, den der Arbeitgeber nicht durch einseitige Maßnahmen ausfüllen darf.[47] Daraus ergeben sich folgende Konsequenzen:

---

[43] Vgl. Fitting, Kaiser u. a., § 80 BetrVG, Rn. 30.
[44] Vgl. Britschgi, Krankheit und betriebliches Eingliederungsmanagement, S. 31, 32.
[45] Vgl. Gagel, Bedeutung des Eingliederungsmanagements für den Kündigungsschutz Teil I, Diskussionsforum B, Beitrag 4/2004 des Instituts für Qualitätssicherung in Prävention und Rehabilitation (iqpr) an der Deutschen Sportschule Köln, S. 5, 6.
[46] Vgl. Fitting, Kaiser u. a., § 87 BetrVG, Rn. 262
[47] Vgl. Britschgi, Krankheit und betriebliches Eingliederungsmanagement, S. 33.

➤ Der Betriebsrat hat gemäß § 87 Abs. 1 Nr. 1 BetrVG das Mitbestimmungsrecht für Fragen der Ordnung des Betriebs und des Verhaltens der Arbeitnehmer im Betrieb. Außerdem nach Nr. 7 für Regelungen über die Verhütung von Arbeitsunfällen und Berufskrankheiten sowie über den Gesundheitsschutz im Rahmen der gesetzlichen Vorschriften oder der Unfallverhütungsvorschriften. Das heißt, dass der Betriebsrat somit ein Initiativrecht auf Einführung einer generellen Regelung zur Durchführung des betrieblichen Eingliederungsmanagements besitzt. Der Betriebsrat kann also eine Regelung zur Durchführung und insbesondere Gestaltung eines betrieblichen Eingliederungsmanagements dem Arbeitgeber als Vorschlag unterbreiten. Falls eine Einigung zwischen den Betriebspartnern nicht zustande kommt, kann der Betriebsrat nach § 87 Abs. 2 i. V. m. § 76 Abs. 5 BetrVG die Einigungsstelle anrufen, die sodann eine verbindliche Entscheidung trifft.[48]

➤ Führt der Arbeitgeber ein betriebliches Eingliederungsmanagement oder Teile davon ohne Zustimmung des Betriebsrats ein, hat der Betriebsrat einen Anspruch auf Unterlassung. Für die Umsetzung des Unterlassungsanspruchs gibt es zwei Möglichkeiten:[49]

  ○ „Der Betriebsrat macht einen Unterlassungsanspruch gemäß § 23 Abs. 3 BetrVG geltend. Dies setzt voraus, dass dem Arbeitgeber ein grober Verstoß gegen seine Verpflichtung aus dem BetrVG vorzuwerfen ist. Leichtere Verstöße (z.B. wiederholte Missachtung des Mitbestimmungsrechts) können bei Wiederholung zu einem groben Verstoß werden. Ein schuldhaftes Verhalten des Arbeitgebers ist dabei nicht erforderlich. Die Problematik des Vorgehens nach § 23 Abs. 3 BertVG liegt darin begründet, dass bereits Verletzungen des Mitbestimmungsrechts des Betriebsrats durch den Arbeitgeber vorliegen müssen. Der Betriebsrat läuft sozusagen dem Problem hinterher. Aus diesem Dilemma kann die zweite Möglichkeit helfen."

  ○ „Aus der Verpflichtung des Arbeitgebers, Anordnungen ohne Zustimmung und unter Verletzung des Mitbestimmungs-

---

[48] Vgl. Britschgi, Krankheit und betriebliches Eingliederungsmanagement, S. 33, 34.
[49] Britschgi, Krankheit und betriebliches Eingliederungsmanagement, S. 34.

rechts des Betriebsrats zu unterlassen, besteht nach der Rechtssprechung des BAG [BAG, Beschluss v. 16.07.1999 – 1 ABR 69/90, in AP Nr. 44 zu § 87 BetrVG Arbeitszeit] des Weiteren ein allgemeiner Unterlassungsanspruch, den der Betriebsrat gegebenenfalls auch durch eine einstweilige Verfügung durchsetzen kann. Hierbei muss ein Verstoß des Arbeitgebers lediglich bevorstehen. Im Fall einer einstweiligen Verfügung muss zudem die besondere Voraussetzung des Verfügungsgrundes im Sinne einer Eilbedürftigkeit einer gerichtlichen Entscheidung vorliegen."

➢ Gemäß § 84 Abs. 2 Satz 6 SGB IX hat die zuständige Interessenvertretung im Sinne des § 93, bei schwerbehinderten Menschen außerdem die Schwerbehindertenvertretung, ein ausdrückliches Initiativrecht. Sie können die Klärung verlangen, ob es Maßnahmen zur Überwindung der Arbeitsunfähigkeit und Erhaltung des Arbeitsplatzes gibt. Als Spiegelbild folgt aus dieser Theorie der Anspruch, dass Maßnahmen gegenüber einem einzelnen Beschäftigten zu unterlassen, die ohne Mitbestimmung des Betriebsrats erfolgen. Somit könnte man der Auffassung sein, dass der Unterlassungsanspruch des Betriebsrats, bereits bei Maßnahmen gegenübereinzelnen Arbeitnehmern denkbar ist, wenn der Arbeitgeber ohne Mitbestimmung des Betriebsrats ein betriebliches Eingliederungsmanagement durchführt.[50] Dies wird aber eher streitig bleiben.

Folgende sonstige Rechte und Aufgaben hat der Betriebsrat im Zusammenhang mit dem Arbeits- und Gesundheitsschutz:[51]

➢ Gemäß § 80 Abs. 1 Nr. 1 BetrVG hat der Betriebsrat die Aufgabe, die zugunsten des Arbeitnehmers geltenden Gesetze, Verordnungen, Unfallverhütungsvorschriften, Tarifverträge und Betriebsvereinbarungen zu überwachen.

➢ Gemäß § 80 Abs. 2 BetrVG hat der Betriebsrat das Recht auf eine umfassende Information von Seiten des Arbeitgebers.

➢ Gemäß § 89 BetrVG hat der Betriebsrat die Aufgabe, mit den für den Arbeits- und Gesundheitsschutz zuständigen Personen und sonstigen Personen zusammenzuarbeiten.

---

[50] Vgl. Britschgi, Krankheit und betriebliches Eingliederungsmanagement, S. 35.
[51] Vgl. Fitting, Kaiser u. a., § 87 BetrVG, Rn. 258.

➢ Gemäß § 88 BetrVG die Möglichkeit des Abschlusses freiwilliger Betriebsvereinbarungen über zusätzliche Maßnahmen zur Verhütung von Arbeitsunfällen und Gesundheitsschädigungen.

➢ Gemäß §§ 90 f. BetrVG die Beteiligung des Betriebsrats bei der Gestaltung von Arbeitsplatz, Arbeitsablauf und Arbeitsumgebung und die in diesem Zusammenhang vorgeschriebene Berücksichtigung der gesicherten arbeitswissenschaftlichen Erkenntnisse über die menschengerechte Gestaltung der Arbeit.

➢ Gemäß § 9 Gesetz über Betriebsärzte, Sicherheitsingenieure und andere Fachkräfte für Arbeitssicherheit (ASiG) Unterrichtungsanspruch gegenüber Betriebsärzten und Fachkräften für Arbeitssicherheit sowie Zustimmungserfordernis des Betriebsrats bei deren Bestellung und Abberufung.

11.4 Rechte und Pflichten der Schwerbehindertenvertretung

Eine wichtige Voraussetzung für die Einrichtung eines betrieblichen Eingliederungsmanagements, ist die Bildung von Integrationsteams. Zu diesen Integrationsteams gehört u. a. die Schwerbehindertenvertretung. Die Schwerbehindertenvertretung kann eingerichtet werden, wenn in einem Betrieb mindestens fünf schwerbehinderte Menschen nicht nur vorübergehend beschäftigt werden gemäß § 94 Abs. 1 SGB IX. Wobei darauf zu achten ist, dass – abweichend von den Regelungen des BetrVG – leitende Angestellte in den Kreis der zu berücksichtigenden Personen mit einzubeziehen sind.[52] Falls diese Schwelle von fünf schwerbehinderten Menschen nicht erreicht wird, besteht nach § 94 Abs. 1 Satz 4 SGB IX die Möglichkeit, mehrere Betriebe eines Arbeitgebers – bei räumlicher Nähe – zusammenzufassen. Gewählt werden eine Vertrauensperson und wenigstens ein stellvertretendes Mitglied, das die Vertrauensperson im Falle der Verhinderung durch Abwesenheit oder Wahrnehmung anderer Aufgaben vertritt.

Ein Zusammenwirken der Vorschriften der §§ 84 Abs. 2 und 95 SGB IX ergibt die Aufgabenzuweisung der Schwerbehindertenvertretung. Die Schwerbehindertenvertretung ist grundsätzlich vor jeder Entscheidung zu hören. Vorausgesetzt die Entscheidung betrifft schwerbehinderte Menschen. Gemäß § 95 Abs. 1 Nr. 1 SGB IX erfüllt die Schwerbehindertenvertretung ihre Aufgaben insbesondere da-

---

[52] Vgl. ErfK-Rolfs, § 100 SGB IX, Rn. 2.

durch, dass sie darüber wacht, dass die zugunsten schwerbehinderter Menschen geltenden Gesetze, Verordnungen, Tarifverträge, Betriebs- oder Dienstvereinbarungen und Verwaltungsanordnungen durchgeführt werden. Dies gilt auch für die Überwachung gemäß § 84 Abs. 2 Satz 7 SGB IX. Ebenso wie der Betriebsrat kann die Schwerbehindertenvertretung gemäß § 84 Abs. 2 Satz 6 SGB IX die Klärung verlangen. Es besteht somit ein Initiativrecht, die Durchführung des betrieblichen Eingliederungsmanagements zu verlangen.[53]

Die Möglichkeit dieses Recht im Streitfall durchzusetzen, ist nicht ausdrücklich geklärt. Aufgrund der Analogie, kann jedoch nur ein Beschlussverfahren in Betracht kommen. Die Zuständigkeit der Arbeitsgerichte in Beschlussverfahren ist in § 2a Arbeitsgerichtsgesetz (ArbGG) geregelt. Nach § 2a Abs. 1 Nr. 3a ArbGG gehören u. a. die Angelegenheiten aus den §§ 94, 95 und 139 SGB IX dazu. § 84 Abs. 2 SGB IX wird an dieser Stelle zwar nicht ausdrücklich erwähnt. Durch die Bezugnahme auf § 95 Abs. 1 Nr. 1 SGB IX wird man allerdings einen Zusammenhang für die Anwendbarkeit eines arbeitsgerichtlichen Beschlussverfahrens herleiten können. Der § 95 Abs. 1 Nr. 1 SGB IX besagt nämlich ausdrücklich, dass die Schwerbehindertenvertretung darüber zu wachen hat, dass der Arbeitgeber die ihm gegenüber schwerbehinderten Menschen obliegenden Verpflichtungen aus § 84 SGB IX erfüllt.[54]

Durch das Initiativrecht der Schwerbehindertenvertretung, besteht auch ein Mitwirkungsrecht bei der Ausgestaltung des Eingliederungsmanagements. Diese können wiederum als Rahmenbedingungen oder auch im Detail einer Integrationsvereinbarung gemäß § 83 SGB IX gestaltet werden. Weiter hat die Schwerbehindertenvertretung das Recht, an allen Sitzungen des Betriebs-, Personal-, Richter-, Staatsanwalts- oder Präsidialrates und deren Ausschüssen sowie des Arbeitsschutzausschusses beratend teilzunehmen gemäß § 95 Abs. 4 SGB IX. Schließlich ist noch darauf hinzuweisen, dass das Integrationsamt beim Antragsverfahren gemäß § 87 Abs. 2 SGB IX eine Stellungnahme der Schwerbehindertenvertretung einholt, sodass noch auf die Entscheidung des Integrationsamtes diesbezüglich ein-

---

[53] Vgl. Britschgi, Krankheit und betriebliches Eingliederungsmanagement, S. 37.

[54] Vgl. Britschgi, Krankheit und betriebliches Eingliederungsmanagement, S. 37.

gewirkt werden kann.[55]

11.5 Rechte und Pflichten des Werks- oder Betriebsarztes

Nach den Regelungen des ASiG hat der Arbeitgeber Betriebsärzte und Fachkräfte für Arbeitssicherheit zu bestellen. Diese sollen ihn beim Arbeitsschutz und bei der Unfallverhütung unterstützen. Damit soll erreicht werden, dass die dem Arbeitsschutz und der Unfallverhütung dienenden Vorschriften den besonderen Betriebsverhältnissen entsprechend angewandt werden. Außerdem soll verwirklicht werden, dass gesicherte arbeitsmedizinische und sicherheitstechnische Erkenntnisse erlangt werden, um zur Verbesserung des Arbeitsschutzes und der Unfallverhütung beizusteuern. Letztlich sollen die dem Arbeitsschutz und der Unfallverhütung dienenden Maßnahmen einen möglichst hohen Wirkungsgrad erreichen. Gemäß § 2 Abs. 1 ASiG ist die Betriebsart und die damit für die Arbeitnehmer verbundenen Unfall- und Gesundheitsgefahren ausschlaggebend. Außerdem spielt die Zahl der beschäftigten Arbeitnehmer und die Zusammensetzung der Arbeitnehmerschaft (z. B. Anteil schwerbehinderter Menschen) eine große Rolle. Wichtig ist hierbei auch die Betriebsorganisation, insbesondere im Hinblick auf die Zahl und die Art der für den Arbeitsschutz und die Unfallverhütung verantwortlichen Personen. In Anbetracht der Vielzahl von Möglichkeiten sind die Einzelheiten in den von den Berufsgenossenschaften erlassenen Unfallverhütungsvorschriften (UVV) geregelt.[56] Der Einsatz ist nach folgenden Fallgestaltungen möglich:[57]

➢ Der Betriebsarzt wird haupt- oder nebenberuflich vom Arbeitgeber eingestellt.

➢ Der Betriebsarzt wird als freier Mitarbeiter tätig.

➢ Der Arbeitgeber beauftragt einen überbetrieblichen Dienst von Betriebsärzten.

In § 3 ASiG ist nicht abschließend, sondern beispielhaft der Aufgabenbereich des Betriebsarztes im Einzelnen beschrieben. Die Betriebsärzte haben die Aufgabe, den Arbeitgeber beim Arbeitsschutz

---

[55] Vgl. Britschgi, Krankheit und betriebliches Eingliederungsmanagement, S. 37.

[56] Vgl. Britschgi, Krankheit und betriebliches Eingliederungsmanagement, S. 38.

[57] Britschgi, Krankheit und betriebliches Eingliederungsmanagement, S. 38.

und bei der Unfallverhütung in allen Fragen des Gesundheitsschutzes zu unterstützen. Sie haben insbesondere den Arbeitgeber und die sonst für den Arbeitsschutz und die Unfallverhütung verantwortlichen Personen zu beraten. Der Beratung bei Fragen des Arbeitsplatzwechsels sowie der Eingliederung und Wiedereingliederung Behinderter in den Arbeitsprozess, wird im betrieblichen Eingliederungsmanagement besondere Bedeutung zugesprochen werden gemäß § 3 Abs. 1 Nr. 1f ASiG. Außerdem hat der Betriebsarzt den betroffenen Arbeitnehmer gemäß § 3 Abs. 1 Nr. 2 ASiG arbeitsmedizinisch zu untersuchen, zu beurteilen und zu beraten. Die Untersuchungsergebnisse sind dabei vom Betriebsarzt zu erfassen und auszuwerten. Gemäß § 3 Abs. 3 ASiG ist dabei wichtig, die ausdrücklich gezogene Grenze des Aufgabenkreises zu beachten. Denn zu den Aufgaben gehört nicht, Krankmeldungen der Arbeitnehmer auf ihre Berechtigung hin zu untersuchen.[58] Genau hierfür ist der medizinische Dienst der Krankenkassen (MDK) zuständig.

In dem Verfahren ist explizit darauf hinzuweisen, dass der Betriebsarzt der ärztlichen Schweigepflicht unterliegt. Damit wird sichergestellt, dass das Vertrauen des Beschäftigten in der Zusammenarbeit mit dem Betriebsarzt gestärkt wird. Dies muss für alle Beteiligten klargestellt werden. Betriebsärzte und Fachkräfte für Arbeitssicherheit sind bei der Anwendung ihrer arbeitsmedizinischen und sicherheitstechnischen Fachkunde weisungsfrei. Sie dürfen wegen der Erfüllung der ihnen übertragenen Aufgaben nicht benachteiligt werden. Betriebsärzte sind nur ihrem ärztlichen Gewissen unterworfen und haben die Regeln der ärztlichen Schweigepflicht zu beachten gemäß § 8 Abs. 1 ASIG. Dem Arbeitgerber dürfen Untersuchungsergebnisse nur mit Einwilligung des Arbeitnehmers mitgeteilt werden, die für den jeweiligen Einzelfall erteilt werden muss. Dies ist strikt einzuhalten und nicht vermeidbar. Denn pauschale Einwilligungserklärungen im Arbeitsvertrag sind nicht ausreichend für die wirksame Befreiung von der ärztlichen Schweigepflicht. Selbst wenn der Arbeitnehmer sich mit der Durchführung stillschweigend als einverstanden erklärt, ist dies nicht als Einwilligung zur Brechung der Schweigepflicht zu deuten.[59] Zu beachten ist auch, dass eine bereits erteilte Befreiungserklärung jederzeit vom Arbeit-

---

[58] Vgl. Britschgi, Krankheit und betriebliches Eingliederungsmanagement, S. 38.
[59] Vgl. Britschgi, Krankheit und betriebliches Eingliederungsmanagement, S. 39.

nehmer zurückgenommen werden kann.[60] Allerdings gibt es eine Ausnahme von diesem Grundsatz:

Wenn die weitere Beschäftigung des Arbeitnehmers Leben oder Gesundheit Dritter gefährdet, kann von der Befreiungserklärung abgesehen werden. Beispiele hierfür wären die Fahruntauglichkeit eines Berufskraftfahrers durch Sehkraftverlust. Eine weitere Ausnahme wäre im Fall meldepflichtiger Krankheiten aufgrund Gesetzes gegeben.[61]

Es ist vor diesem Hintergrund sinnvoll einen Betriebsarzt mit in das Verfahren einzubeziehen. Denn der Betriebsarzt kann auch als Vertrauensperson des Arbeitnehmers handeln. Wie schon erwähnt, darf der Betriebsarzt nicht ohne die Einwilligung Daten an den Arbeitgeber freigeben. Außerdem kann der Betriebsarzt als eine Art Verknüpfung fungieren, da dieser meist in gutem Kontakt mit Servicestellen und Rehabilitationskliniken steht. Ein weiterer Pluspunkt ist, dass der Betriebsarzt fundierte Fachkenntnisse besitzt. Ohne medizinische Sachkenntnis und Kenntnisse des Anforderungsprofils am Arbeitsplatz, sind Aussagen zur Eingliederung nicht zu treffen. Außerdem ist zu bedenken, dass Fragen des Arbeitsplatzwechsels sowie der Wiedereingliederung Behinderter in den Arbeitsprozess, Erfassung und Auswertung arbeitsbedingter Erkrankungen und Untersuchung und Beratung der Arbeitnehmer, ureigene betriebsärztliche Aufgaben sind. Genau dies ist ein Teil des betrieblichen Eingliederungsmanagements. Ein Grund mehr den Betriebsarzt zu involvieren.[62]

Betriebsärztliche Aktivitäten sind:[63]

➢ Einschätzung nach Kategorien

   o Disease (Krankheitsdiagnose)

   o Impairment (Beeinträchtigung)

   o Disabilitiy (Behinderung)

---

[60] Vgl. Küttner-Huber, Betriebsarzt, Rn. 14.

[61] Vgl. Küttner-Huber, Betriebsarzt, Rn. 15.

[62] Vgl. Dr. Eckart Siegmund, Betriebliches Eingliederungsmanagement – aus dem Blickwinkel des Betriebsarztes, ZENTRUM für ARBEITSMEDIZIN und ARBEITSSICHERHEIT e. V., S. 8, 13 und Feldes, Soziale Sicherheit 2004, S. 270, 276.

[63] Vgl. Dr. Eckart Siegmund, Betriebliches Eingliederungsmanagement – aus dem Blickwinkel des Betriebsarztes, ZENTRUM für ARBEITSMEDIZIN und ARBEITSSICHERHEIT e.V., S. 12 – 15.

- Reine Screening-Aufgaben (Mehrzahl)
  - Positive Anteilnahme
  - Motivation
  - keine weitergehenden Maßnahmen
- Handlungsbedarf, der weniger aufwendig ist (Minderzahl)
  - Anregung stufenweiser Wiedereingliederung
  - Erkennung bestehender Einschränkungen und Attestierung
  - Kommunikation mit behandelnden Ärzten
  - Kommunikation mit dem MDK
  - Anregung einfacher Hilfsmittel, z. B. Stehhilfe
- Handlungsbedarf, der umfangreiche Maßnahmen beinhaltet (selten)
  - innerbetriebliche Umsetzung
  - Arbeitsplatzumgestaltung
- Betriebsärztliche Aktionen bei umfangreichen Aktionen
  - Kommunikation mit betrieblichen Partnern
    - Arbeitgebervertretern
    - Sicherheitsfachkraft
  - Kommunikation mit außerbetrieblichen Einrichtungen
    - Integrationsamt und Fachdienste
    - Rentenversicherung
  - Kommunikation mit behandelnden Ärzten und Kliniken

11.6 Rechte und Pflichten des Integrationsamtes und der Servicestellen

Kommen Leistungen zur Teilhabe oder begleitende Hilfen im Arbeitsleben in Betracht, werden vom Arbeitgeber die örtlichen gemeinsamen Servicestellen hinzugezogen. Bei schwerbehinderten Beschäftigten übernimmt dies das Integrationsamt. Diese Servicestellen wirken darauf hin, dass die erforderlichen Leistungen oder Hilfen unverzüglich beantragt und innerhalb der Frist des § 14 Abs. 2 Satz 2 SGB IX erbracht werden. Leistungen zur Teilhabe sind in § 5 SGB IX im Einzelnen aufgeführt. Zur Teilhabe werden erbracht:

- Leistungen zur medizinischen Rehabilitation,
- Leistungen zur Teilhabe am Arbeitsleben (berufsfördernde Leistungen)
- unterhaltssichernde und andere ergänzende Leistungen,
- Leistungen zur Teilhabe am Leben in der Gemeinschaft.

Für den gewählten Begriff – *in Betracht kommen* – in § 84 Abs. 2 SGB IX, reichen schon Situationen aus, in denen durch Leistungen zur Teilhabe eine Sicherung des Arbeitsplatzes für möglich gehalten wird. Der Begriff ist daher weit auszulegen.[64] Im Sinne des § 22 Abs. 1 S. 1 SGB IX bieten gemeinsame örtliche Servicestellen der Rehabilitationsträger behinderten und von Behinderung bedrohten Menschen, ihren Vertrauenspersonen und Personensorgeberechtigten nach § 60 SGB IX Beratung und Unterstützung an. Gemäß § 102 Abs. 2 Satz 7 SGB IX benennt das Integrationsamt in enger Abstimmung mit den Beteiligten des örtlichen Arbeitsmarktes Ansprechpartner, um sie über Funktion und Aufgaben der Integrationsfachdienste aufzuklären, über Möglichkeiten der begleitenden Hilfe im Arbeitsleben zu informieren und Kontakt zum Integrationsfachdienst herzustellen. Eine möglichst schnelle und unbürokratische Zusammenarbeit der betrieblichen Akteure des betrieblichen Eingliederungsmangements mit den Sozialleistungsträgern und mit den Integrationsämtern ist somit gewährleistet. Unter gemeinsame Servicestellen sind gemeinsame örtliche Servicestellen aller Rehabilitationsträger gefasst.[65]

Träger der Leistungen zur Teilhabe (Rehabilitationsträger) können gemäß § 6 Abs. 1 SGB IX folgende sein:

- die gesetzlichen Krankenkassen,
- die Bundesagentur für Arbeit,
- die Träger der gesetzlichen Unfallversicherung,
- die Träger der gesetzlichen Rentenversicherung
- die Träger der Kriegsopferversorgung und der Kriegsopferfürsorge,
- die Träger der öffentlichen Jugendhilfe,

---

[64] Vgl. Gagel, NZA 2004, S. 1359, 1361.
[65] Vgl. Britschgi, Krankheit und betriebliches Eingliederungsmanagement, S. 40.

> die Träger der Sozialhilfe.

Die gemeinsamen Servicestellen sind sowohl für behinderte Menschen, als auch für davon betroffene Menschen zuständig. Somit erfassen diese Stellen einen größeren Personenkreis, als die Integrationsämter. Ein weiterer Vorteil dieser Servicestellen liegt auch darin, dass diese flächendeckend in Deutschland vorhanden sind, um so eine bessere Beratung und Unterstützung ohne Barrieren zu gewährleisten. Trotz der regionalen Organisation der Servicestellen (§ 23 Abs 1 SGB IX) gilt der in der Sozialverwaltung verbreitete Grundsatz der örtlichen Zuständigkeit (vgl. z. B. § 130 SGB VI) für die gemeinsamen Servicestellen nicht. Es steht dem Betroffenen völlig frei, an welche Servicestelle er sich mit seinem Anliegen wendet.[66] Diese Beratungs- und Unterstützungspflicht besteht nicht nur gegenüber dem behinderten oder von Behinderung bedrohten Menschen selbst. Zusätzlich besteht diese auch gegenüber ihren Vertrauenspersonen sowie Personensorgeberechtigten. Als Vertrauenspersonen sind neben Partnern und Verwandten auch Freunde, Nachbarn, Betriebs- und Personalräte, Vertrauensleute der schwerbehinderten Menschen und Gewerkschaftssekretäre oder Rechtsanwälte anzusehen.[67]

Folgende Beratung und Unterstützung der gemeinsamen Servicestellen umfasst § 22 Abs. 1 Satz 2 SGB IX:

> über Leistungsvoraussetzungen, Leistungen der Rehabilitationsträger, besondere Hilfen im Arbeitsleben sowie über die Verwaltungsabläufe zu informieren,

> bei der Klärung des Rehabilitationsbedarfs, bei der Inanspruchnahme von Leistungen zur Teilhabe, bei der Inanspruchnahme eines persönlichen Budgets und der besonderen Hilfen im Arbeitsleben sowie bei der Erfüllung von Mitwirkungspflichten zu helfen,

> zu klären, welcher Rehabilitationsträger zuständig ist, auf klare und sachdienliche Anträge hinzuwirken und sie an den zuständigen Rehabilitationsträger weiterzuleiten,

---

[66] Vgl. Fuchs, Praxiskommentar zu §§ 22 - 25 SGB IX Gemeinsame Servicestellen, abgedruckt unter www.sgb-ix-umsetzen.de, § 22 Anm. 4, vom 02.06.2008.

[67] Vgl. Fuchs, Praxiskommentar zu §§ 22 - 25 SGB IX Gemeinsame Servicestellen, abgedruckt unter www.sgb-ix-umsetzen.de, § 22 Anm. 4, vom 02.06.2008.

> bei einem Rehabilitationsbedarf, der voraussichtlich ein Gutachten erfordert, den zuständigen Rehabilitationsträger darüber zu informieren,

> die Entscheidung des zuständigen Rehabilitationsträgers in Fällen, in denen die Notwendigkeit von Leistungen zur Teilhabe offenkundig ist, so umfassend vorzubereiten, dass dieser unverzüglich entscheiden kann,

> bis zur Entscheidung oder Leistung des Rehabilitationsträgers den behinderten oder von Behinderung bedrohten Menschen unterstützend zu begleiten,

> bei den Rehabilitationsträgern auf zeitnahe Entscheidungen und Leistungen hinzuwirken und

> zwischen mehreren Rehabilitationsträgern und Beteiligten auch während der Leistungserbringung zu koordinieren und zu vermitteln.

Das wohl stärkste Recht, dass das Integrationsamt ausüben darf, kommt im Fall der Kündigung eines schwerbehinderten Beschäftigten zum Tragen. Ohne die Zustimmung des Integrationsamtes ist die Kündigung nämlich unwirksam gemäß § 85 SGB IX. Durch das betriebliche Eingliederungsmanagement muss das Integrationsamt nun vorab zusätzlich prüfen, ob der Arbeitgeber bei einer beabsichtigten Kündigung des schwerbehinderten Menschen nach den §§ 85 und 91 SGB IX die Vorschrift des § 84 Abs. 2 SGB IX ausreichend berücksichtigt hat und nachgekommen ist. Bei nicht oder nur unzureichend durchgeführtem betrieblichen Eingliederungsmanagement kann das Integrationsamt sich dazu entschließen, die Möglichkeiten einer Eingliederung selbst zu unternehmen. Im Rahmen seiner Aufgabenerfüllung nach § 102 Abs. 1 Nr. 3 SGB IX hat das Integrationsamt selbst die Möglichkeit, begleitende Hilfen im Arbeitsleben in Zusammenarbeit mit der Bundesagentur für Arbeit und den übrigen Rehabilitationsträgern durchzuführen.[68] Das Verfahren auf Zustimmung zur Kündigung ist währenddessen auszusetzen.[69] Vor Abschluss des Verfahrens kommt eine Zustimmung nicht in Betracht. Die andere Möglichkeit des Integrationsamtes bestünde darin, die Zustimmung zur Kündigung wegen fehlendem oder unzu-

---

[68] Vgl. Britschgi, Krankheit und betriebliches Eingliederungsmanagement, S. 42.
[69] Vgl. ErfK-Rolfs, 5. Auflage 2005, § 84 SGB IX Rn. 1.

reichendem Eingliederungsmanagement zu verweigern, wenn die Durchführung dieses Verfahrens durch den Arbeitgeber den Interessen des Beschäftigtenbesser gerecht wird.[70]

---

[70] Vgl. Gagel, Bedeutung des Eingliederungsmanagements für den Kündigungsschutz Teil II, Diskussionsforum B, Beitrag 5/2004 des Instituts für Qualitätssicherung in Prävention und Rehabilitation (iqpr) an der Deutschen Sportschule Köln, S. 5.

12 Auswirkungen auf den Kündigungsschutzprozess

12.1 Krankheitsbedingte Kündigung

Im Kündigungsschutzprozess tangiert das betriebliche Eingliederungsmanagement mit der krankheitsbedingten Kündigung. Zu krankheitsbedingten Kündigungen gibt es eine umfangreiche Rechtsprechung des BAG und der Instanzgerichte. Da diese sehr komplex sind und die rechtssichere Umsetzung als schwierig gilt, wird die krankheitsbedingte Kündigung als spezieller, aber praktisch bedeutsamster Unterfall der personenbedingten Kündigung eingestuft.[71]

Für das betriebliche Eingliederungsmanagement sind folgende Fallgruppen relevant:[72]

➢ Kündigung wegen langanhaltender Krankheit,

➢ Kündigung wegen häufiger Kurzerkrankungen,

➢ Kündigung wegen krankheitsbedingter Leistungsminderung.

Eine Krankheit an sich ist kein Kündigungsgrund. Gehen allerdings störende Auswirkungen auf das Arbeitsverhältnis von ihr aus, kann eine Kündigung gerechtfertigt sein. Somit muss sich diese Kündigung am Maßstab des § 1 Kündigungsschutzgesetz (KSchG) messen, soweit dessen Anwendungsbereich eröffnet ist. Das heißt, der betroffene Arbeitnehmer muss mehr als sechs Monate dem Betrieb angehören und zum Zeitpunkt der Kündigung müssen mehr als fünf Arbeitnehmer dort tätig sein. Falls der Arbeitnehmer nach dem 31.12.2003 eingestellt wurde, erhöht sich die erforderliche Anzahl an Mitarbeitern sogar auf zehn. Auszubildende werden dabei nicht berücksichtigt. Bei Beschäftigungsverhältnissen unterhalb einer Dauer von sechs Monaten bedarf eine fristgerechte Kündigung keiner Begründung. In diesem konkreten Fall dürfte sich die Problematik des betrieblichen Eingliederungsmanagements nicht auf die Wirksamkeit einer Kündigung auswirken. Soweit die Kündigung eines Ar-

---

[71] Vgl. Wilffried Berkowsky, Die personen- und verhaltensbedingte Kündigung, 4. Auflage, S. 63.
[72] Vgl. Britschgi, Krankheit und betriebliches Eingliederungsmanagement, S. 55.

beitnehmers in den Anwendungsbereich des § 1 KSchG fällt, ist die Kündigung nur wirksam, wenn sie nicht sozialwidrig ist.[73]

Laut Rechtsprechung erfolgt die Prüfung der Sozialwidrigkeit einer krankheitsbedingten Kündigung anhand folgender entwickelter drei Stufen:[74]

Vorausgesetzt wird eine *negative Prognose* hinsichtlich des künftigen Gesundheitszustandes des erkrankten Arbeitnehmers.

➢ Die bisherigen und nach der Prognose zu erwartenden Auswirkungen des Gesundheitszustandes des Arbeitnehmers müssen zu einer *erheblichen Beeinträchtigung der betrieblichen Interessen* führen. Sie können durch Störungen im Betriebsablauf oder wirtschaftliche Belastungen hervorgerufen werden

➢ Im Rahmen einer umfassenden Interessenabwägung ist zu prüfen, ob die *betrieblichen Interessen* das Interesse des Arbeitnehmers an der Erhaltung des Arbeitsplatzes überwiegen oder die erheblichen betrieblichen Beeinträchtigungen zu einer billigerweise nicht mehr hinzunehmenden Belastung des Arbeitgebers führen.

Bei einer personenbedingten Kündigung ist die vorherige Abmahnung keine Wirksamkeitsvoraussetzung, da in der Regel kein steuerbares Verhalten des betroffenen Arbeitnehmers in Rede steht. [75]

12.1.1 Negative Gesundheitsprognose

Eine krankheitsbedingte Kündigung ist keine Sanktion für vergangenheitsbezogenes Fehlverhalten des Arbeitnehmers. Vielmehr dient sie dazu, betriebswirtschaftlich unvertretbare Vakanzen von Arbeitsplätzen für die Zukunft zu vermeiden. Eine zukunftsbezogene Prognose ist daher u. a. notwendig, um eine krankheitsbedingte Kündigung durchsetzen zu können. Begründet werden muss diese durch Arbeitnehmerfehlzeiten infolge von Krankheiten. Und zwar in voraussichtlich so erheblichem Umfang, dass diese wiederum zu erheblichen und deshalb dem Arbeitgeber letztlich nicht mehr zumutbaren betrieblichen und/oder wirtschaftlichen Belastungen füh-

---

[73] Vgl. Britschgi, Krankheit und betriebliches Eingliederungsmanagement, S. 55.

[74] Vgl. BAG, Urteil v. 29.04.1999 – 2 AZR 431/98, NZA 1999, 978; Urteil v. 12.04.2002 – 2 AZR 148/01, NZA 2002, 1081.

[75] Vgl. Hummel, Krankheit und Kündigung, S. 35.

ren würde. Diese beiden Komponenten, also die Prognose krankheitsbedingter Fehlzeiten und die Prognose erheblicher betrieblicher und/oder wirtschaftlicher Belastungen, bilden den Kündigungsgrund.[76] Dies entschied das BAG in seinen Urteilen.[77] Der maßgebliche Beurteilungszeitraum für diese Prognose ist der Gesundheitszustand bei Ausspruch der Kündigung.[78] Eine nach Ausspruch der Kündigung eintretende Veränderung des Gesundheitszustandes, gleich, ob es sich um eine Verbesserung oder eine Verschlechterung handelt, führt nicht zur Korrektur der ursprünglichen Prognose.[79] Sollte sich der Gesundheitszustand des krankheitsbedingt gekündigten Arbeitnehmers während des laufenden Kündigungsschutzprozesses vollständig verbessern, darf dies vom Gericht bei der Überprüfung einer im Zeitpunkt der Kündigung zutreffend festgestellten negativen Prognose des Arbeitgebers nicht berücksichtigt werden. Die Kündigung bleibt in diesem Fall wirksam. Einen Wiedereinstellungsanspruch kann der Arbeitnehmer hingegen geltend machen, falls wider Erwarten eine Besserung des Gesundheitszustandes vor Ablauf der Kündigungsfrist eintritt.[80]

12.1.2 Erhebliche Beeinträchtigung der betrieblichen Interessen

Die betrieblichen Interessen können im Wesentlichen durch die Arbeitsunfähigkeit von Arbeitnehmern in zweifacher Hinsicht beeinträchtigt werden. Zum einen durch Störungen im Betriebsablauf, z. B. durch Produktionsausfall, Störungen des Arbeitsablaufs oder Verlust von Kundenaufträgen. Zum anderen können wirtschaftliche Belastungen in Form von außerordentlich hohen Lohnfortzahlungskosten in Betracht kommen. Diese sind aber in jedem Fall individuell zu beurteilen sein.[81]

---

[76] Vgl. Berkowsky, Die personen- und verhaltensbedingte Kündigung, 4. Auflage, S. 64.

[77] Vgl. BAG, Urteil v. 21.05.1992 AP Nr. 30 zu § 1KSchG, NZA 1993, S. 497; BAG, Urteil v. 05.07.1990 AP Nr. 26 zu § 1 KschG 1969 Krankheit, NZA 1991, S. 185.

[78] Vgl. BAG, Urteil v. 29.04.1999 – 2 AZR 431/98, AiB 2000, S. 450; Urteil v. 21.02.2001 – 2 AZR 558/99, NZA 2001, S. 1071, 1072.

[79] Vgl. BAG, Urteil v. 29.04.1999 – 2 AZR 431/98, AiB 2000, S. 450.

[80] Vgl. BAG, Urteil v. 27.06.2001 – 7 AZR 662/99, NZA 2001, S. 1135.

[81] Vgl. Britschgi, Krankheit und betriebliches Eingliederungsmanagement, S. 57, 58.

12.1.3 Interessenabwägung

Bei der dritten Stufe – der Interessenabwägung – muss hinterfragt werden, ob die betriebliche Beeinträchtigung des Arbeitgebers aufgrund der Besonderheiten des Einzelfalls ein solches Ausmaß erreicht hat, dass sie das Interesse des Arbeitnehmers am Erhalt des Arbeitsplatzes überwiegt.[82] Folgende Anhaltspunkte könnten laut Rechtsprechung und Kommentierungen für ein überwiegendes Interesse des Arbeitnehmers am Erhalt des Arbeitsplatzes sprechen:

➤ Soziale Umstände des Arbeitnehmers

Zu den sozialen Umständen des Arbeitnehmers zählen Unterhaltspflichten des Arbeitnehmers sowie etwaige Schwerbehinderungen.[83] Auch die Dauer des Arbeitsverhältnisses könnte von Bedeutung sein, ähnlich wie bei der Sozialauswahl. Denn wer in einem bereits länger andauernden Arbeitsverhältnis seine Kräfte beansprucht hat, ist schutzwürdiger als der Arbeitnehmer, der sich erst relativ kurz in dem Unternehmen befindet und seine Kraft dem Arbeitgeber widmet.[84]

➤ Betriebsunfall des Arbeitnehmers

Im Rahmen der Interessenabwägung gehen Arbeitsunfähigkeitszeiten, die auf einen Betriebsunfall zurückzuführen sind, eher zu Lasten des Arbeitgebers.[85]

➤ Kenntnis des Arbeitgebers von chronischen Krankheiten

Hatte der Arbeitgeber bei der Einstellung bereits Kenntnis davon, dass der Arbeitnehmer von einer chronischen Krankheit betroffen ist, so ist ihm die Hinnahme darauf beruhender krankheitsbedingter Ausfallzeiten eher zumutbar.[86]

➤ Anderweitige Beschäftigungsmöglichkeiten im Betrieb

Unterlässt der Arbeitgeber die Prüfung, ob der betroffene Arbeitnehmer gegebenenfalls auf einem anderen Arbeitsplatz des Betriebes eingesetzt werden kann, der seinen gesundheitlichen Einschränkungen Rechnung trägt, ohne dass weitere Ausfallzeiten zu befürchten sind, kann sich dies zu Lasten des Arbeitgebers auswir-

---

[82] Vgl. BAG, Urteil v. 12.04.2002 – 2 AZR 148/01, NZA 2002, S. 1081, 1083.
[83] Vgl. BAG, Urteil v. 20.01.2000 – 2 AZR 378/99, NZA 2000, S. 768.
[84] Vgl. Hummel, Krankheit und Kündigung, S. 27.
[85] Vgl. Hummel, Krankheit und Kündigung, S. 28.
[86] Vgl. BAG, Urteil v. 10.06.1969 – 2 AZR 94/68, DB 1969, S. 1608.

ken. Dem Arbeitgeber wird dabei nicht abverlangt, einen so genannten leidensgerechten Arbeitsplatz für den betroffenen Arbeitnehmer frei zu kündigen. Lässt ihm sein arbeitgeberseitiges Direktionsrecht aber den erforderlichen Spielraum, ist er notfalls auch verpflichtet, in geeigneten Fällen einen Arbeitsplatz für den gesundheitlich beeinträchtigten Arbeitnehmer durch Versetzung eines anderen Beschäftigten frei zu machen. Wichtig ist dabei, dass der von Kündigung betroffene Arbeitnehmer sich im Konfliktfall auf einen konkreten Arbeitsplatz beruft, der nach seiner Einschätzung seinem Leiden entsprechend von ihm eingenommen werden kann und dieser Arbeitsplatz frei ist, in absehbarer Zeit frei wird oder durch Versetzung frei werden könnte.[87]

➢ Verschulden des Arbeitgebers

Insgesamt auffallend hohe Ausfallzeiten aus einem Arbeitsbereich lassen den Rückschluss darauf zu, dass die Ursache für die erhöhten Arbeitsunfähigkeitszeiten bei den Arbeitsbedingungen liegt. In der Interessenabwägung ist dies wiederum zu Gunsten des einzelnen betroffenen Arbeitnehmers zu werten.[88]

➢ Einsatz berufsfördernder Leistungen

Hierfür dürfte die schon erwähnte stufenweise Wiedereingliederung in Rede stehen. Denn dies ist eine berufsfördernde Maßnahme, die wohl als geeignetes Mittel anzusehen ist, um die Arbeitsunfähigkeit zu überwinden.[89]

12.2 Fallgruppen krankheitsbedingter Kündigungen

➢ Kündigung wegen Langzeiterkrankung

Bei der Langzeiterkrankung ist die Wiederherstellung der Gesundheit zum Zeitpunkt der Kündigung zwar nicht ausgeschlossen, doch weiß der Arbeitgeber aufgrund einer bereits länger andauernder Krankheit nicht, ob und wann mit einer Genesung zu rechnen ist. Die ordentliche Kündigung des Arbeitsverhältnisses ist aus Anlass einer Langzeiterkrankung erst dann sozial gerechtfertigt, wenn eine negative Prognose hinsichtlich der voraussichtlichen Dauer der Ar-

---

[87] Vgl. BAG, Urteil v. 29.01.1997 – 2 AZR 9/96, NZA 1997, S. 709.
[88] Vgl. BAG, Urteil, v. 10.05.1990 – 2 AZR 580/89, EzA § 1 KSchG Krankheit Nr. 31.
[89] Vgl. Britschgi, Krankheit und betriebliches Eingliederungsmanagement, S. 60.

beitsunfähigkeit vorliegt. Weiter muss eine darauf beruhende erhebliche Beeinträchtigung betrieblicher Interessen festgestellt werden. Außerdem muss die Interessenabwägung ergeben, dass die betrieblichen Beeinträchtigungen zu einer billigerweise nicht mehr hinzunehmenden Belastung des Arbeitgebers führen werden. Bei krankheitsbedingter dauernder Leistungsunfähigkeit ist in aller Regel ohne weiteres von einer erheblichen Beeinträchtigung der betrieblichen Interessen auszugehen. Die Ungewissheit der Wiederherstellung der Arbeitsfähigkeit steht einer krankheitsbedingten dauernden Leistungsunfähigkeit dann gleich, wenn in den nächsten 24 Monaten mit einer anderen Prognose nicht gerechnet werden kann.[90]

➢ Kündigung wegen häufiger Kurzerkrankung

Kurzerkrankungen sind der Fall, wenn der Arbeitnehmer vor Ausspruch der Kündigung immer wieder für kürzere Zeit, d. h. für einige Tage oder Wochen arbeitsunfähig krank ist, so dass die Fehlzeiten auf Dauer ein Ausmaß erreichen, das der Arbeitgeber nicht mehr hinnehmen muss. Für die Rechtssprechung sind häufige Kurzerkrankungen dann ein rechtmäßiger Kündigungsgrund, wenn über einen Zeitraum von mindestens zwei Jahren Entgeltfortzahlung für mehr als sechs Wochen zu gewähren war und wenn aufgrund einer negativen Prognose anzunehmen ist, dass sich dieser Zustand in Zukunft nicht ändern wird. Liegen derartige Fehlzeiten in einem Zeitraum von zwei bis drei Jahren hintereinander vor, ist dies ein Indiz dafür, dass der Arbeitgeber auch in Zukunft mit erheblichen Fehlzeiten rechnen kann. Kuren und Rehabilitationsmaßnahmen sind dabei in diese Fehlzeiten eingerechnet. Fehlzeiten unterhalb einer Krankheitsquote von 12 Prozent bis 14 Prozent der Jahresarbeitszeit werden hingegen als nichtkündigungsrelevant erachtet.[91]

➢ Kündigung wegen krankheitsbedingter Leistungsminderung

Eine krankheitsbedingte Leistungsminderung liegt vor, wenn die Krankheit des Arbeitnehmers dazu führt, dass der Arbeitnehmer auch dann, wenn er bei der Arbeit erscheint, erheblich hinter der zu erwartenden Leistung zurückbleibt. Will der Arbeitnehmer seinem

---

[90] Vgl. BAG, Urteil v. 29.04.1999 – 2 AZR 431/98, AiB 2000, S. 450, 451.
[91] Vgl. LAG Hamm, Urteil v. 04. 12. 1996, LAGE § 1 KSchG Krankheit Nr. 26 und LAG Hamm.

Mitarbeiter wirksam kündigen, muss – bezogen auf seinen konkreten Arbeitsplatz – eine dauerhafte Arbeitsunfähigkeit vorliegen.[92]

12.3 Verhältnismäßigkeit der Kündigung

Die krankheitsbedingte Kündigung darf wie jede andere Kündigung nicht gegen das *Ultima-Ratio-Prinzip* verstoßen. Dies ist der Grundsatz der Verhältnismäßigkeit. Das heißt, dass aufgrund der schwerwiegenden Konsequenzen für die Betroffenen der Ausspruch einer Kündigung für den Arbeitgeber immer nur das letzte Mittel der Wahl sein darf. Eine Kündigung aus krankheitsbedingten Gründen kann daher nur rechtmäßig sein, wenn der Arbeitgeber vorab erfolglos geprüft hat. Dies wäre gegeben, wenn durch zumutbare organisatorische Maßnahmen, wie Änderung des Arbeitsablaufs oder Umverteilung der Aufgaben, das Arbeitsverhältnis aufrechterhalten werden kann.[93]

Genau an dieser Stelle muss dem betrieblichen Eingliederungsmanagement besondere Bedeutung geschenkt werden. Durch die Begründung, die Kündigung sei im konkreten Fall ultima ratio, kann ein Arbeitgeber nicht durchdringen, wenn er ein betriebliches Eingliederungsmanagement nicht oder nur unzureichend durchgeführt hat. Die Folge, die daraus resultiert, ist, dass die Kündigung sozial ungerechtfertigt ist im Sinne des § 1 KSchG und damit unwirksam.[94] Nach der Vorstellung des Gesetzgebers ist eine maßgebliche Zielsetzung des betrieblichen Eingliederungsmanagements, eine Kündigung aus krankheitsbedingten Gründen zu verhindern.[95] Somit lässt es die Schlussfolgerung zu, dass im Rahmen des Anwendungsbereichs des § 84 Abs. 2 SGB IX noch höhere Anforderungen an den Arbeitgeber in diesem Zusammenhang zu stellen sind, als bei Kündigungen außerhalb des Geltungsbereichs dieser Vorschrift.[96] Nach der allgemeinen Beweislast wird der Arbeitgeber die

---

[92] Vgl. BAG, Urteil v. 26.09.1991, Aktenzeichen: 2 AZR 132/91 AP § 1 KSchG Krankheit Nr. 28.

[93] Vgl. BAG, Urteil v. 12.07.1995 – 2 AZR 762/94, NZA 1995, S. 1100, 1101.

[94] Vgl. ErfK-Rolfs, 5. Auflage 2005, § 84 SGB IX Rn. 1 und Gaul, ArbRB 2004, S. 308, 311.

[95] Vgl. BT-Drucksachen 15/1783, S. 12.

[96] Vgl. Brose, DB 2005, 390, 393.

Beweislast tragen müssen, das betriebliche Eingliederungsmanagement in ausreichendem Maße durchgeführt zu haben.[97]

Dies ist in einem Urteil vom BAG[98] am 12. Juli 2007 entschieden worden:

Kündigt der Arbeitgeber einem Arbeitnehmer aus krankheitsbedingten Gründen, ohne zuvor ein betriebliches Eingliederungsmanagement durchgeführt zu haben, so führt dies nicht ohne weiteres zur Unwirksamkeit der Kündigung. Die Durchführung eines betrieblichen Eingliederungsmanagements nach § 84 Abs. 2 SGB IX ist keine formelle Wirksamkeitsvoraussetzung für eine personenbedingte Kündigung aus krankheitsbedingten Gründen. Die gesetzliche Regelung ist aber auch nicht nur ein bloßer Programmsatz, sondern eine Ausprägung des vom Kündigungsrecht beherrschenden Verhältnismäßigkeitsgrundsatzes. Führt der Arbeitgeber kein betriebliches Eingliederungsmanagement durch, kann dies Folgen für die Darlegungs- und Beweislast im Rahmen der Prüfung der betrieblichen Auswirkungen von erheblichen Fehlzeiten haben. Der Arbeitgeber kann sich dann nicht pauschal darauf berufen, ihm seien keine Alternativen, der Erkrankung angemessenen Einsatzmöglichkeiten bekannt.

Hat der Arbeitgeber vor Ausspruch der Kündigung das betriebliche Eingliederungsmanagement nicht durchgeführt, hat dies zwar nicht ohne weiteres die Unwirksamkeit der Kündigung zur Folge. Vorsicht ist aber von nun an geboten, da sich eine Nichtdurchführung negativ auf einen Prozess vor dem Arbeitsgericht auswirken kann.

Dem betroffen Beschäftigten kann nicht die Darlegung zugemutet werden, dass es Möglichkeiten zur erfolgreichen Vermeidung des Arbeitsplatzverlustes gegeben hätte. Dies wäre auch mit der Aufgabenzuweisung des § 84 Abs. 2 SGB IX nicht zu vereinbaren. Dort wird dem Arbeitgeber und an keiner Stelle dem Arbeitnehmer diese Pflicht zugewiesen. Es muss daher ausreichen, wenn der klagende Arbeitnehmer im Kündigungsschutzprozess vorträgt, dass ein betriebliches Eingliederungsmanagement vom Arbeitgeber nicht

---

[97] Vgl. Steinau-Steinrück/Hagemeister, NJW-Spezial 2005 und Gagel, Bedeutung des Eingliederungsmanagements für den Kündigungsschutz Teil I, Diskussionsforum B, Beitrag 4/2004 des Instituts für Qualitätssicherung in Prävention und Rehabilitation (iqpr) an der Deutschen Sportschule Köln, S. 8.

[98] Vgl. BAG Urteil v. 12.07.2007 - 2 AZR 716/06.

durchgeführt worden ist. Immer mit der Voraussetzung, er wäre grundsätzlich und zu jeder Zeit bereit für eine Durchführung gewesen. Eine Chance des Arbeitgebers, dem Einwand der Unverhältnismäßigkeit einer krankheitsbedingten Kündigung möglicherweise zu entgehen, besteht nur, wenn er dem betroffenen Arbeitnehmer die Durchführung eines betrieblichen Eingliederungsmanagements angeboten hat, dieser aber die Zustimmung verweigerte.[99]

„Kündigungsrechtlich folgenlos bleibt die Nichtdurchführung allerdings wohl in Kleinbetrieben im Sinne von § 23 KSchG, da insoweit das KSchG und damit die von der Rechtsprechung zu § 1 KSchG entwickelten Grundsätze keine Anwendung finden. Ein gekündigter Arbeitnehmer könnte sich deshalb auch nicht erfolgreich auf einen Verstoß gegen den ultima-ratio-Grundsatz berufen."[100]

Im dem Fall, dass der Beschäftigte zum ersten Mal vom betrieblichen Eingliederungsmanagement hört und nicht vertraut mit der Angelegenheit ist, erhöht sich die Gefahr der Ablehnung des Verfahrens. Aufgrund dessen wurde schon erwähnt, sich mit dem Beschäftigten in Ruhe und ausführlich mit dem Thema zu befassen, damit Ängste und Scheu vor Neuem gelegt werden. Die eventuellen Konsequenzen sollten dem Betroffenen daher auch aufgezeigt werden. Das Gesetz lässt die Konsequenzen einer verweigerten Zustimmung des Beschäftigten zwar völlig offen. Bei einer derartigen Entscheidung wird der Betroffene aber folgende Aspekte berücksichtigen müssen:

Das BAG hat sich schon am 13.05.2004[101], deren Sachverhalt noch nicht in den Anwendungsbereich des § 84 Abs. 2 SGB IX fiel, kritisch zu einer krankheitsbedingten Kündigung eines Arbeitnehmers geäußert. Dort wurde aufgeführt, dass dem Arbeitnehmer die Obliegenheit trifft, an den Versuchen des Arbeitgebers selbst kooperativ mitzuwirken, falls ein Versuch stattfindet, für den Arbeitnehmer eine anderweitige Beschäftigungsmöglichkeit zu finden. Gerade wenn er aus gesundheitlichen Gründen an seinem bisherigen Arbeitsplatz nicht mehr tätig sein kann.

---

[99] Vgl. Britschgi, Krankheit und betriebliches Eingliederungsmanagement, S. 65.

[100] Haufe Verlag (Hrsg.): CD-Rom Arbeitsrecht, Version 5.3.0.0, Stand 02.10.2007, HaufeIndex: 1344317.

[101] Vgl. BAG, Urteil v. 13.05.2004 – 2 AZR 36/04, NZA 2004, S. 1271.

Im Fall einer krankheitsbedingten Kündigung ist somit zu erwarten, dass in der Regel eine verweigerte Zustimmung zur Durchführung des betrieblichen Eingliederungsmanagements, zu Lasten der gekündigten Arbeitnehmer, als Obliegenheitsverletzung gewertet wird. Dies wird gleichermaßen gelten, wenn der Beschäftigte sich zum Angebot zur Durchführung des betrieblichen Eingliederungsmanagements nicht äußert, da er somit die Mitwirkung verweigert.[102]

---

[102] Vgl. Britschgi, Krankheit und betriebliches Eingliederungsmanagement, S. 31.

13 Regelungsformen für ein betriebliches Eingliederungsmanagement

Die Umsetzung einer Regelung zum betrieblichen Eingliederungsmanagement ist zum einen in Form einer Integrationsvereinbarung und zum anderen durch eine Betriebsvereinbarung möglich.

➢ Integrationsvereinbarung

Gemäß § 83 SGB IX ist vorgesehen, dass die Arbeitgeber mit der Schwerbehindertenvertretung und den in § 93 SGB IX genannten Vertretungen in Zusammenarbeit mit dem Beauftragten des Arbeitgebers (§ 98 SGB IX) eine verbindliche Integrationsvereinbarung treffen. Auf Antrag der Schwerbehindertenvertretung wird unter Beteiligung der in § 93 SGB IX genannten Vertretungen hierüber verhandelt. Sollte keine Schwerbehindertenvertretung im Unternehmen vorhanden sein, steht das Antragsrecht dem Betriebs- oder Personalrat gemäß § 93 SGB IX zu.

Gegenstand einer Integrationsvereinbarung kann gemäß der seit 01.05.2004 geltenden Fassung des § 83 Abs. 2a Nr. 5 SGB IX insbesondere auch Regelungen zur Durchführung der betrieblichen Prävention (betriebliches Eingliederungsmanagement) und zur Gesundheitsförderung getroffen werden. Es ist ausgesprochen umstritten, ob eine Integrationsvereinbarung eine ausreichende Grundlage für eine entsprechende Regelung darstellt. Denn sie ist davon abhängig, wie man die Rechtsqualität einer Integrationsvereinbarung einordnet. Zum Teil wird die Auffassung vertreten, es handele sich um eine Betriebsvereinbarung, die neben und unabhängig vom BetrVG vorgesehen und mit Normcharakter ausgestattet ist.[103] In diesem Fall würden sich die Regelungen der Integrationsvereinbarung direkt auf den Inhalt eines Beschäftigungsverhältnisses auswirken. Nach anderer Auffassung wird die Integrationsvereinbarung derweilen als Regelungsabrede ohne Normcharakter eingeordnet.[104] Eine Regelungsabrede wirkt sich nicht unmittelbar und zwingend auf ein einzelnes Arbeitsverhältnis aus. Es bindet nur Be-

---

[103] Vgl. Neumann/Pahlen/Majerski-Pahlen-Neumann, § 83 SGB IX, Rn. 8.

[104] Vgl. Knittel, § 83 SGB IX, Rn. 19 und Gagel, Bedeutung des Eingliederungsmanagements durch Integrationsvereinbarung und/oder Betriebsvereinbarung, Diskussionsforum B, Beitrag 2/2005 des Instituts für Qualitätssicherung in Prävention und Rehabilitation (iqpr) an der Deutschen Sportschule Köln, S. 2.

triebspartner – Arbeitgeber, Schwerbehindertenvertretung und Betriebsrat – sich entsprechend der getroffenen Abrede zu verhalten.[105]

> Betriebsvereinbarung

Die Durchführung gemeinsamer Beschlüsse und Betriebsvereinbarungen werden gemäß § 77 BetrVG abgeschlossen. Die zwischen dem Arbeitgeber und dem Betriebsrat getroffenen Vereinbarungen führt grundsätzlich der Arbeitgeber durch. Außerdem liegt die betriebliche Organisations- und Leitungsmacht allein bei diesem. Deshalb trägt auch der Arbeitgeber allein die Verantwortung für die zu treffenden Maßnahmen.[106] Gemäß § 77 Abs. 2 BetrVG werden Betriebsvereinbarungen von Betriebsrat und Arbeitgeber gemeinsam beschlossen und schriftlich niedergelegt. Diese werden von beiden Seiten unterzeichnet und sind damit als Vertrag konkretisiert und nachprüfbar. Der Arbeitgeber hat die Betriebsvereinbarungen an geeigneter Stelle im Betrieb auszulegen, damit alle Arbeitnehmer von diesen vertraglichen Vereinbarungen in Kenntnis gesetzt werden können. Meist geschieht dies im Betriebsratsbüro, wo Mitarbeiter Betriebsvereinbarungen einsehen können.[107]

Es gibt zwei Arten von Betriebsvereinbarungen. Zum einen die erzwingbaren und zum anderen die freiwilligen Betriebsvereinbarungen. Erzwingbar sind Betriebsvereinbarungen sobald Betriebsräte ein Mitbestimmungsrecht haben. Kommt eine Einigung zwischen Arbeitgeber bzw. Betriebsleitung und Betriebsrat nicht zu Stande, so entscheidet die Einigungsstelle nach § 76 BetrVG. Der Spruch der Einigungsstelle ersetzt dann die Einigung zwischen Arbeitgeber und Betriebsrat. Die erzwingbaren Betriebsvereinbarungen haben eine Nachwirkung. Sie gelten somit auch nach deren Ablauf weiter, bis eine andere Abmachung sie gemäß § 77 Abs. 6 BetrVG ersetzt.[108]

Die freiwilligen Betriebsvereinbarungen beinhalten einen weitaus größeren Bereich. Durch diese Betriebsvereinbarungen können insbesondere zusätzliche Maßnahmen zur Verhütung von Arbeitsunfällen und Gesundheitsschädigungen; Maßnahmen des betriebli-

[105] Vgl. Fitting, Kaiser u. a., § 77 BetrVG, Rn. 217.
[106] Vgl. Fitting, Kaiser u. a., Betriebsverfassungsgesetz, 22. Auflage, S. 1078, 1079.
[107] Vgl. Niedenhoff, Mitbestimmung in der Bundesrepublik Deutschland, 12. Auflage, S. 96.
[108] Vgl. Niedenhoff, Mitbestimmung in der Bundesrepublik Deutschland, 12. Auflage, S. 97.

chen Umweltschutzes; die Errichtung von Sozialeinrichtungen, deren Wirkungsbereich auf den Betrieb, das Unternehmen oder den Konzern beschränkt ist; Maßnahmen zur Förderung der Vermögensbildung und Maßnahmen zur Integration ausländischer Arbeitnehmer sowie zur Bekämpfung von Rassismus und Fremdenfeindlichkeit im Betrieb geregelt werden. Über diese Aufzählung hinaus können allerdings noch weitere Problemstellungen im Betrieb geregelt werden.[109]

Die Betriebsvereinbarung beim betrieblichen Eingliederungsmanagement ist eine erzwingbare. In diesem Fall kann nämlich das über die Einigungsstelle erzwingbare Mitbestimmungsrecht aus § 87 Abs. 1 Nr. 7 BetrVG abgeleitet werden.[110]

Wichtig ist außerdem noch, dass die Betriebsvereinbarung ein eigenes Rechtsinstrument der Betriebsverfassung ist. Sie erfährt in den Abs. 2 bis 6 des § 77 BetrVG nähere, allerdings nicht abschließende Regelung. Die Normwirkung ist hierbei von besonderer Bedeutung. Sie ist deshalb auch die wichtigste Form der Einigung zwischen den Betriebspartnern. Die normativen Regelungen einer Betriebsvereinbarung gelten gemäß § 77 Abs. 4 S. 1 BetrVG unmittelbar und zwingend. Diese zwingende Wirkung wird auch als Unabdingbarkeit bezeichnet. Durch die unmittelbare Geltung der Betriebsvereinbarung wirken ihre normativen Regelungen als Gesetz des Betriebes von außen auf die Arbeitsverhältnisse ein. Dabei wird sie aber nicht zum Bestandteil des Arbeitsvertrages. Das Arbeitsverhältnis wird unabhängig vom Willen und der Kenntnis der Vertragspartner gestaltet. Im Gegensatz zu der Regelungsabrede bedarf es zu der Wirksamkeit der Betriebsvereinbarung keinerlei Anerkennung, Unterwerfung oder Übernahme durch die Vertragsparteien.[111]

Eine solche normative Wirkung kraft gesetzlicher Bestimmung ist bei der Integrationsvereinbarung nicht vorzufinden. Dadurch, dass im Hinblick auf die umstrittene Rechtsqualität der Integrationsvereinbarung diese Wirkung fehlt, ist bei der konkreten Umsetzung der Betriebsvereinbarung der Vorzug zu geben. Eine Betriebsvereinbarung hat hier eine eindeutige und weitreichende Wirkung, im Ge-

---

[109] Vgl. Niedenhoff, Mitbestimmung in der Bundesrepublik Deutschland, 12. Auflage, S. 99.
[110] Vgl. Kohte in Düwell HaKo BetrVG 2. Aufl. § 87 Rn. 91.
[111] Vgl. Fitting, Kaiser u. a., Betriebsverfassungsgesetz, 22. Auflage, S. 1080, 1114, 1115.

gensatz zur Integrationsvereinbarung. Soweit der Betriebsrat und die Schwerbehindertenvertretung sowohl in einer Integrations- als auch Betriebsvereinbarung Regelungen zum betrieblichen Eingliederungsmanagement treffen wollen, ist anzuraten, die Integrationsvereinbarung als Rahmenregelung zu vereinbaren und in der Betriebsvereinbarung Regeln zur konkreten Ausgestaltung zu treffen.[112] Bei Kombinationen dieser Regelungsinstrumente empfiehlt es sich klarstellend festzulegen, dass durch die Regelungen in der Integrationsvereinbarung der Betriebsrat von seinem Mitbestimmungsrecht noch nicht abschließend Gebrauch gemacht hat. Somit können Streitfälle diesbezüglich vermieden werden.[113]

---

[112] Vgl. Gagel, Bedeutung des Eingliederungsmanagements durch Integrationsvereinbarung und/oder Betriebsvereinbarung, Diskussionsforum B, Beitrag 2/2005 des Instituts für Qualitätssicherung in Prävention und Rehabilitation (iqpr) an der Deutschen Sportschule Köln, S. 5.
[113] Vgl. Britschgi, Krankheit und betriebliches Eingliederungsmanagement, S. 49.

14   Förderungen für den Arbeitgeber

Für die Einführung eines betrieblichen Eingliederungsmanagement können Arbeitgeber von den Rehabilitationsträgern oder dem Integrationsamt eine Prämie oder einen Bonus erhalten. Diese müssen individuell mit dem jeweiligen Träger, der in dem einzelnen Verfahren involviert ist, abgeklärt werden. Jeder Rehabilitationsträger oder jedes Integrationsamt hat bestimmte Voraussetzungen und Kriterien.

Als Beispiel werden hier die Kriterien für die Vergabe von Prämien zur Einführung eines betrieblichen Eingliederungsmanagements durch das Integrationsamt gemäß § 84 Abs. 3 SGB IX vom Integrationsamt Landschaftsverband Rheinland benannt:

14.1   Voraussetzungen

➢ Der Betrieb hat eine gewählte Schwerbehindertenvertretung. (Dies gilt nicht für Betriebe mit weniger als fünf schwerbehinderten Mitarbeitern.)

➢ Der Betrieb hat einen gewählten Betriebs-/Personalrat. (Dies gilt nicht für Kleinbetriebe mit bis zu 20 Arbeitsplätzen.)

➢ Es liegt eine Beschäftigungsquote von mindestens vier Prozent vor, mit nachweisbar steigender Tendenz.

➢ Es gibt eine betriebliche Vereinbarung zum BEM.

➢ Der Betrieb informiert über die Zahl der (erfolgreich) abgeschlossenen BEM-Verfahren.

14.2   Inhalte der Vereinbarung zum BEM

Folgende Mindestanforderungen sind erfüllt:

➢ Die Vereinbarungen zum BEM liegen schriftlich vor.

➢ Die gemeinsamen Grundlagen und Ziele von Arbeitgeber und betrieblicher

   Interessenvertretung sind dargestellt.

➢ Die Ziele des § 84 Abs. 2 SGB IX werden benannt und die konkrete Anwendung wird dargestellt.

➢ Es besteht ein Integrationsteam bzw. BEM-Team. Im Kleinbetrieb entsprechend eine festgelegte Verantwortlichkeit bei einer Einzelperson.

➢ Der Datenschutz wird gewährleistet.

➢ Es gibt konkrete betriebsbezogene Vereinbarungen zu Organisation und Ablauf des BEM-Verfahrens.

➢ Inhalt und Ziel des BEM sind allen Beschäftigten bekannt gemacht worden.

Es gibt fest vereinbarte Regelungen zur Umsetzung des BEM in Bezug auf:

➢ Erfassung der Arbeitsunfähigkeitszeiten, Bedarfsfeststellung erfolgt, Info durch Arbeitgeber erfolgt, BEM wird eingeleitet.

➢ Integrationsteam, Betriebsarzt u. Ä. werden tätig.

➢ Maßnahmen und betriebliche Angebote zur Eingliederung werden eingeleitet und umgesetzt.

➢ Koordination der Aktivitäten im Einzelfall erfolgt.

➢ Wirkung der Maßnahmen wird kontrolliert.

Die Regelungen und ihre konkrete Umsetzung sind darzustellen:

➢ Die Wirkung von BEM über den Einzelfall hinaus wird dokumentiert und analysiert mit dem Ziel, Verfahrensabläufe zu verbessern und betriebliche Ursachen gesundheitlicher Probleme zu erkennen und zu beheben.

14.3 Bewerbungs- und Auswahlverfahren

Bewerbungen von Firmen und Verwaltungen werden meist jeweils bis zu einem bestimmten Stichtag eines Jahres entgegengenommen. Die Bewerbungen mit dem Nachweis der oben angeführten Voraussetzungen richten sich dann an den jeweiligen Partner, der im Verfahren involviert war.

14.4 Prämierung

Es werden jährlich ca. fünf bis zehn Prämien von jeweils 10.000 Euro bis 20.000 Euro vergeben. Dies ist von Partner zu Partner verschieden. Die Partner behalten sich Änderungen der Prämierungsvoraussetzungen sowie der Umsetzung der Prämienvergabe meist vor.

Wichtig ist, dass aus den Angaben zur Vergabe von Prämien weder unmittelbare noch mittelbare Rechtsansprüche hergeleitet werden können.

All dies soll nur einen Einblick gewähren, wie sich betriebliches Eingliederungsmanagement auch finanziell für den Arbeitgeber lohnen kann. Auch die Voraussetzungen und Kriterien sind nicht eins zu eins auf jeden Partner anzuwenden. Die genauen Informationen müssen für den jeweiligen Einzelfall mit dem jeweiligen Partner im Detail abgeklärt werden.

15 Vor- und Nachteile des betrieblichen Eingliederungsmanagements

15.1 Aus der Sicht des Arbeitgebers

Für viele Arbeitgeber ist die Durchführung, des im § 84 Abs. 2 Satz 1 SGB IX verankerten betrieblichen Eingliederungsmanagements, auf den ersten Blick nur mehr Bürokratie und mehr personeller Aufwand. Folglich assoziiert der Arbeitgeber mit Einführung dieses Verfahrens weitere finanzielle Aufwendungen.[114] Die Vorteile überwiegen jedoch entgegen der Meinungen vieler Arbeitgeber, sodass diese klar aufgezeigt werden müssen. Folgende Vorteile sind für den Arbeitgeber zu verzeichnen:[115]

➢ Die Einsparung von Lohnfortzahlungskosten.

➢ Die Einsparung von Lohnkosten für zusätzliches Personal und für dessen Einarbeitung.

➢ Der Einarbeitungsaufwand für Vertretungskräfte wird eingespart.

➢ Das Know-how der langjährigen Mitarbeiter kann weiterhin genutzt werden, die Qualität der geleisteten Arbeit bleibt erhalten.

➢ Bei entsprechender Prävention bleibt der Beschäftigte dem Arbeitgeber gesund erhalten.

➢ Die Arbeitnehmer fühlen sich als wichtige Mitglieder des Betriebes.

➢ Die Mitarbeiter sind zufriedener und motivierter bei der Arbeit.

➢ Die Mitarbeiter identifizieren sich mit dem Betrieb.

➢ Der Arbeitgeber ist in der Region als fairer und weitblickender Unternehmer anerkannt. Das Ergebnis ist ein positives Image.

➢ In einem eventuell notwendig werdenden Kündigungsverfahren, werden die in eigener Verantwortung des Arbeitgebers durchgeführten Aktivitäten gewürdigt und es kann ggf. eine Entscheidung schnell herbeigeführt werden.

---

[114] Vgl. Handlungsempfehlungen zum Betrieblichen Eingliederungsmanagement, LWL, S. 10.

[115] Vgl. Frühzeitig handeln - Chancen sichern! Betriebliches Eingliederungsmanagement, 214.0 – LWV InA Hessen 2005, S. 5.

➢ Das betriebliche Eingliederungsmanagement ist für den Unternehmer im Rahmen dieses Projektes völlig kostenfrei.

➢ Der Arbeitgeber hat die Rechtssicherheit im Rahmen des § 84 (2) SGB IX.

15.2 Aus der Sicht des Arbeitnehmers

Der Arbeitnehmer geht davon aus, dass die Gesundheit insgesamt *Privatsache* ist, unabhängig von Krankheitszeiten oder Krankheitsdiagnosen. Anders hingegen beim betrieblichen Eingliederungsmanagement. Dadurch, dass viele Beteiligte mitwirken, ist es eher eine *betriebliche Angelegenheit*. Denn logischerweise können Krankheiten und die daraus resultierenden Arbeitsunfähigkeitszeiten keine *Privatsache* sein. Immerhin sind beide Parteien sowohl Arbeitgeber als auch Arbeitnehmer, in gleicher Weise davon betroffen.[116] Die Durchführung des betrieblichen Eingliederungsmanagements ist daher erstrebenswert. Die Vorteile, die sich für den Arbeitnehmer ergeben können sind folgende:[117]

➢ Nach Beendigung der Akuterkrankung bleibt i. d. R. ausreichend Zeit einen geeigneten behindertengerechten Arbeitsplatz, entweder durch entsprechende Ausstattung des bisherigen Arbeitsplatzes oder durch den Wechsel innerhalb des Betriebes zu finden.

➢ Notwendige Schulungsmaßnahmen für den Arbeitsplatzwechsel können durchgeführt und gefördert werden.

➢ Die Arbeitsaufnahme kann im Rahmen von stufenweisen Wiedereingliederungsmaßnahmen schonend erfolgen.

➢ Er erhält schneller wieder seinen vollen Lohn statt des Krankengeldes.

➢ Die Teilhabe am Arbeitsleben bleibt erhalten. Das hat gerade bei schwerbehinderten Menschen einen hohen Stellenwert und große Auswirkungen auf das Selbstwertgefühl der Menschen.

---

[116] Vgl. Handlungsempfehlungen zum Betrieblichen Eingliederungsmanagement, LWL, S. 11.
[117] Vgl. Frühzeitig handeln - Chancen sichern! Betriebliches Eingliederungsmanagement, 214.0 – LWV InA Hessen 2005, S. 5.

> Arbeitslosigkeit aufgrund von gesundheitlichen Einschränkungen wird vermieden.

> Das betriebliche Eingliederungsmanagement ist für die betroffenen Arbeitnehmer im Rahmen dieses Projektes völlig kostenfrei.

15.3 Aus der Sicht der Schwerbehindertenvertretung bzw. des Betriebs- und Personalrats

Als Nachteil könnte gesehen werden, dass durch die intensive Beteiligung dieser Stellen an dem betrieblichen Eingliederungsmanagement, dem Arbeitgeber ein Großteil seiner Verantwortung abgenommen wird. Bei misslungener Eingliederung könnte es sogar sein, dass man sich vor dem Beschäftigten rechtfertigen muss. Durch den gewonnenen systematischen Ansatz für die betriebliche Gesundheitsförderung, im Interesse des Betroffenen, wissen letztlich auch die Beschäftigtenvertretungen, um die erheblichen Vorteile eines vernünftig gestalteten betrieblichen Eingliederungsmanagements im Betrieb oder in der Dienststelle. Ein vernünftig gestaltetes und durchgeführtes Verfahren, bietet den Beschäftigtenvertretungen Ansätze, um ihrerseits Initiativen zur Gesundheitsförderung am Arbeitsplatz durchzuführen. Außerdem kommen Betriebsräte ihren entsprechenden Aufgaben nach gemäß §§ 89 und 92 a BetrVG zur Verbesserung der Beschäftigungssituation und nach § 90 Abs. 2 BetrVG zur menschengerechten Gestaltung der Arbeitsbedingungen. Die Personalräte erfüllen dabei die Aufgaben des § 78 Abs. 3 Nr. 11 und 16 Bundespersonalvertretungsgesetz (BPersVG).

15.4 Aus der Sicht der Gesellschaft

Frühverrentung wird in Zukunft kaum mehr bezahlbar sein, da immer weniger sozialversicherungspflichtige Beschäftigte in die Sozialsysteme einzahlen. Betriebliches Eingliederungsmanagement kann Entlastung bringen.

„Die Zahl der erwerbsgeminderten Personen in Deutschland liegt bei fast zwei Millionen Menschen. Das sind rund 2,5 Prozent der Bevölkerung. Sie verursachen im Vergleich zu Arbeitnehmern, die im Erwerbsleben geblieben sind, Mehrkosten in Höhe von zehn Mil-

liarden Euro pro Jahr allein an Krankenbehandlung sowie Renten-
zahlungen in einer Größenordnung von über 20 Milliarden Euro."[118]

> Die Gesellschaft profitiert von dem Verfahren des betriebli-
chen Eingliederungsmanagements, da gesunde Arbeitnehmer,
die Ihrer Beschäftigung nachgehen können, Sozialabgaben
leisten. Außerdem werden von diesen Arbeitnehmern weniger
Sozialabgaben in Anspruch genommen, als von kranken
und/oder arbeitslosen Menschen.

Zu beachten ist auch, dass ältere Menschen künftig dringender ge-
braucht werden. „Durch den demographischen Wandel wird sich
die Zahl der Erwerbspersonen vom Jahr 2000 bis 2040 um rund ein
Viertel reduzieren. Das heißt: Die Erwerbsbevölkerung wird spür-
bar älter. Deutschland liegt bei der Beschäftigungsquote älterer Erwerbstätiger hinter anderen europäischen Ländern zurück. Die
Bundesregierung hat jedoch das ehrgeizige Ziel, hier bis 2012 zu den
Spitzenreitern in Europa zu zählen."[119]

	EU (15 Länder)	Deutsch- land	Nieder- lande	Finn- land	Däne- mark	Schwe- den	UK
Insgesamt	**44,1**	**45,4**	**46,1**	**52,7**	**59,5**	**69,4**	**56,9**
weiblich	35,4	37,5	35,2	52,7	53,5	66,7	48,1
männlich	53,1	53,5	56,9	52,8	65,6	72,0	66,0

Abbildung 5: Beschäftigungsquote älterer Erwerbstätiger im Jahr 2005
(55 bis 64 Jahre (in Prozent))
Quelle: Soziale Sicherheit 10/2006, S. 323.

Wie man der Tabelle entnehmen kann, ist fast die Hälfte aller Beschäftigten in Deutschland im Alter zwischen 55 und 64 Jahren. Gerade im Hinblick auf die Zukunft, in der vermutlich noch ein höhe-
rer Prozentsatz älterer Menschen erwerbstätig ist, ist es wichtig,
Prävention zu betreiben. Denn nach diesen Prognosen werden auf
dem Arbeitsmarkt der Zukunft zunehmend mehr ältere Menschen
tätig sein, zumal   die Anhebung der Altersrente auf 67 Jahre beschlossen ist. Dies ist nur möglich, wenn die Gesundheit und die

---

[118] http://www.disability-manager.de
[119] http://www.disability-manager.de vom 22.07.2008.

Arbeitskraft der Beschäftigten mit Hilfe von betrieblichem Eingliederungsmanagement erhalten und gefördert wird.[120]

---

[120] Vgl. Uwe G. Rehfeld: Gesundheitsbedingte Frühverrentung, in: Schleswig-Holsteinisches Ärzteblatt 9/2006.

16 Mögliche Stolpersteine

Trotz der aufgezeigten Vorteile kann es zu möglichen *Stolpersteinen* kommen, die das Verfahren behindern oder den Ansatz sogar gänzlich zum Erliegen bringen. Ein solcher *Stolperstein* kann entstehen, wenn die Bedeutung des betrieblichen Eingliederungsmanagements vom Arbeitgeber, vom Betriebsrat/Personalrat und/oder von der Schwerbehindertenvertretung nicht erkannt wird. Auch Widerstände von verschiedenen Seiten wären denkbar. Hier wäre möglich, dass die Beschäftigten das betriebliche Eingliederungsmanagement nicht akzeptieren, weil sie Angst vor Kontrolle und mangelnder Information haben. Widerstände könnten sich auch von Seiten der Interessenvertretungen und Führungskräfte breit machen, da sie einen Bedeutungs- und Machtverlust erwarten. Außerdem könnte der Arbeitgeber das ganze Verfahren boykottieren, da er zu hohe Kosten vor Augen hat und den Nutzen des § 84 Abs. 2 SGB IX nicht erkennt. Die Umsetzung dieser Vorschrift könnte auch scheitern, wenn wichtige betriebliche Funktionsträger mangelnde Bereitschaft zur Mitwirkung zeigen. Mit diesen Widerständen ist zu rechnen, falls dem nicht entgegen gewirkt wird. Weitere *Stolpersteine* könnten sich ergeben, wenn für das betriebliche Eingliederungsmanagement im Unternehmen nicht verbindlich geregelt ist, wer für was zuständig ist. Das betriebliche Eingliederungsmanagement wäre auch zum Scheitern verurteilt, wenn es zu kompliziert geregelt, überreguliert und formalisiert ist, da durch eine solche Umsetzung die Beteiligten abgeschreckt werden. Und der größte Stolperstein kann sich ergeben, wenn die Beteiligten eine überzogene Erwartung haben. Dies könnte sich schnell in Missmut umdeuten und das Verfahren lahm legen.[121]

Die Frage ist nun, wie man dem entgegenwirken kann? Zu aller erst ist es wichtig, dass sowohl der Arbeitgeber, als auch die Beschäftigtenvertretungen nicht nur formal, sondern auch inhaltlich hinter der Gesundheitsprävention und dem betrieblichen Eingliederungsmanagement stehen. Dies muss den Beschäftigten auch glaubhaft vermittelt werden. Man muss den Beschäftigten außerdem überzeugend darlegen, dass sie gemeinsam Verantwortung in den einzelnen Eingliederungsprozessen übernehmen werden. Dies sollte unter Beachtung eines transparenten Vorgehens geschehen. Denn so erreicht

---

[121] Vgl. Handlungsempfehlungen zum betrieblichen Eingliederungsmanagement, LWL, S. 39.

man eine offene und kooperative Beteiligung aller betrieblichen Partner. Die Transparenz wird durch eine ausgeprägte Kommunikation erreicht. Die Gründe und der Nutzen für die Einführung des betrieblichen Eingliederungsmanagements müssen für die verschiedenen Zielgruppen kommuniziert werden. Außerdem sollte – um die *Stolpersteine* zu vermeiden – die Erwartungshaltung nicht zu ausgeprägt sein. Es darf beim betrieblichen Eingliederungsmanagement nicht erwartet werden, es sei in jedem Einzelfall ein Allheilmittel zur Überwindung bzw. Verringerung von Arbeitsunfähigkeitszeiten und zur Vermeidung personenbedingter Kündigung erfunden worden. Das betriebliche Eingliederungsmanagement hat zwar das Ziel der Sicherung des Beschäftigungsverhältnisses fest im Blick. Jedes einzelne Verfahren ist aber ergebnisoffen. Vieles ist dadurch möglich, aber nicht jede Erkrankung lässt sich auskurieren, nicht jede Belastung verringern und nicht jeder Arbeitsplatz kann leidens-/behinderungsgerecht gestaltet werden.[122]

---

[122] Vgl. Handlungsempfehlungen zum betrieblichen Eingliederungsmanagement, LWL, S. 39.

17 Zusammenfassung

Die Präventionsvorschrift des § 84 Abs. 2 SGB IX verpflichtet alle Arbeitgeber zum Eingliederungsmanagement, sobald ein Arbeitnehmer innerhalb eines Jahres, länger als sechs Wochen ununterbrochen oder wiederholt arbeitsunfähig ist. Diese Vorschrift ist unabhängig von der Betriebsgröße anzuwenden.

Das betriebliche Eingliederungsmanagement, gilt nicht nur für behinderte Menschen, sondern gleichermaßen auch für nicht behinderte Menschen. Anwendung findet der § 84 Abs. 2 SGB IX für sämtliche Beschäftigte einschließlich der Beamten.

Ziel des betrieblichen Eingliederungsmanagements ist es, Arbeitsunfähigkeit möglichst zu überwinden, erneuter Arbeitsunfähigkeit vorzubeugen und den Arbeitsplatz des betroffenen Beschäftigten zu erhalten. Es soll somit eine erhöhte Einsatzfähigkeit und Produktivität sichergestellt und Fehlzeiten verringert werden.

Um diesen Anforderungen gerecht zu werden, muss ein Betrieb – soweit noch nicht vorhanden - eine Struktur schaffen, um gezielt diejenigen Beschäftigten zu erreichen, auf die sich das Eingliederungsmanagement bezieht. Unterstützt wird der Arbeitgeber dabei vom Betriebs- oder Personalrat – bei schwerbehinderten Menschen außerdem von der Schwerbehindertenvertretung. Um noch erfolgreicher den § 84 Abs. 2 SGB IX umzusetzen, wäre es hilfreich, eine Kooperation mit dem Betriebs- oder Werksarzt einzugehen und externe Partner, wie z. B. Servicestellen in das Verfahren einzubinden.

Zwar sieht das Gesetz keine unmittelbaren Konsequenzen bei Nichteinhaltung der Vorschrift vor, allerdings wurden mit der Vorschrift die Anforderungen an eine krankheitsbedingte Kündigung verschärft. Die Ziele des betrieblichen Eingliederungsmanagements bringen zum Ausdruck, dass eine Kündigung das letzte Mittel, die *ultima ratio*, sein soll. Die Durchführung eines betrieblichen Eingliederungsmanagements ist keine formelle Wirksamkeitsvoraussetzung für den Ausspruch einer krankheitsbedingten Kündigung. Hat der Arbeitgeber kein betriebliches Eingliederungsmanagement durchgeführt, erhöht sich jedoch die Darlegungs- und Beweislast des Arbeitgebers bezüglich einer Weiterbeschäftigungsmöglichkeit des Arbeitnehmers auf demselben oder einem anderen Arbeitsplatz.

Außerdem bietet das betriebliche Eingliederungsmanagement weitere Vorteile für den Arbeitnehmer. Nicht nur, dass Arbeitgeber für die Einführung eines betrieblichen Eingliederungsmanagements von den Rehabilitationsträgern oder dem Integrationsamt eine Prämie oder einen Bonus erhalten können. Auch Kosten von zusätzlichen Personaleinstellungen oder Lohnfortzahlungen können minimiert bzw. eingespart werden, wenn das betriebliche Eingliederungsmanagement erfolgreich eingeführt und durchgeführt wird.

Meiner Meinung nach ist die Umsetzung des § 84 Abs. 2 SGB IX für alle Beteiligten am Verfahren lohnenswert. Der Arbeitgeber behält einen qualifizierten Mitarbeiter, der Arbeitnehmer ist weiterhin im Arbeitsleben aktiv und verdient sich somit seinen Lebensunterhalt. Auch die Sozialleistungsträger profitieren davon. Anfangs müssen zwar enorme Kosten für die Umsetzung der Maßnahmen bezahlt werden. Falls die Bemühungen aber erfolgreich ausfallen, wird der Arbeitsplatz des Beschäftigten erhalten, wodurch wieder laufend Sozialversicherungsbeiträge von diesem Arbeitnehmer an die Sozialversicherungsträger fließen. Schnell können sich dadurch die Kosten des betrieblichen Eingliederungsmanagements amortisieren.

Wenn sich das betriebliche Eingliederungsmanagement in der nächsten Zeit durchsetzt und immer mehr Menschen Kenntnis von dieser Maßnahme und deren Vorteile erlangen, wird es dazu führen, dass professioneller mit den Mitarbeitern, die gesundheitliche Probleme haben, umgegangen wird.

Im Endeffekt kann das betriebliche Eingliederungsmanagement nicht von außen geschehen. Im Unternehmen selbst muss der Grundstein gelegt werden. Der Gesetzestext lässt bewusst Interpretationsmöglichkeiten offen. Den gesetzlichen Auftrag, als Anstoß für die konstruktive Lösung, einer wichtigen betrieblichen Aufgabe zu nutzen, ist jedoch Aufgabe von verantwortungsvoller Personalarbeit. Betriebliches Eingliederungsmanagement ist keine Garantie für den Erhalt eines Arbeitsplatzes. Man sollte dabei aber immer bedenken, dass es nur so gut sein kann, wie man es macht.

Wichtig ist es, dass im Betrieb für die Beschäftigten Informationsveranstaltungen zu gesundheitsbewusstem Verhalten durchgeführt werden. Außerdem sollten Führungskräfte bezüglich des Umgangs mit kranken Menschen sensibilisiert werden. Es muss versucht werden das betriebliche Eingliederungsmanagement in die Unternehmenskultur einfließen zu lassen, denn nicht Kontrolle und Ausgliederung sondern Kooperation und Problemlösung sollten im Mittelpunkt stehen.

Fraglich ist, ob das betriebliche Eingliederungsmanagement immer erfolgreich verläuft, so wie die Beteiligten sich das wünschen. Da es für die meisten immer noch *Neuland* ist – trotz vierjährigem Bestehen der Vorschrift – werden am Anfang möglicherweise noch Fehler gemacht, die vermeidbar hätten sein können. Dies könnte eine abschreckende Wirkung haben. Man sollte dies aber zum Anlass nehmen aus den Erfahrungen zu lernen. Die Ergebnisse des betrieblichen Eingliederungsmanagements müssen ausgewertet werden, um sie für die Gestaltung menschengerechter Arbeitsbedingungen nutzbar zu machen.

Leider habe ich in den Gesprächen mit verschiedenen Servicestellen bemerkt, dass selbst dort nicht genügend Wissen über das Thema vorherrscht. Theoretisch hört sich das Unterfangen des betrieblichen Eingliederungsmanagements sinnvoll und erstrebenswert an. Das ganze aber in die Praxis umzusetzen, auf jeden einzelnen individuell, gestaltet sich aber derweil als schwierig. Auch beschäftigen sich meiner Meinung nach noch zu wenige Menschen mit dem Thema. Selbst bei den externen Partnern sind – aus meiner Erfahrung – nur wenige mit dem betrieblichen Eingliederungsmanagement ausreichend betraut, sodass eine optimale Betreuung nicht gegeben sein kann.

Insgesamt ist der § 84 Abs. 2 SGB IX eine hervorragende Gesetzesvorschrift, um Beschäftigte wieder in den Arbeitsalltag einzugliedern, nur bleibt abzuwarten, inwieweit die Beteiligten an einem Strang ziehen und wie hoch die Bemühungen des Einzelnen sind. Man kann vorerst nur hoffen, dass das Verfahren mehr an Bedeutung und Bekanntheitsgrad erfährt, damit einer erfolgreichen Umsetzung nichts mehr im Wege steht.

Literaturverzeichnis

Bücher, Aufsätze und Artikel

Adlhoch/Fankhaenel/Magin/Seel/Westers/Zorn, (o. J.) Handlungsempfehlungen zum betrieblichen Eingliederungsmanagement, LWL, Köln.

Berkowsky, W., (2005) Die personen- und verhaltensbedingte Kündigung, 4. Auflage, München.

Britschgi, S., (2006) Krankheit und betriebliches Eingliederungsmanagement, 1. Auflage, Frankfurt am Main.

Brose, W., Der Betrieb 2005, Würzburg.

BT-Drucksachen 15/1783.

Dietrich/Hanau/Schwab, (2005) Erfurter Kommentar, 5. Auflage, München.

Feldes, SozSich 2004.

Fitting/Kaiser/Heither/Engels/Schmidt, (2005) Betriebsverfassungsgesetz Kommentar, 22. Auflage, München.

Gagel, A., Bedeutung des Eingliederungsmanagements durch Integrationsvereinbarung und/oder Betriebsvereinbarung, Diskussionsforum B, Beitrag 2/2005 des Instituts für Qualitätssicherung in Prävention und Rehabilitation (iqpr) an der Deutschen Sportschule Köln.

Gagel, A., Bedeutung des Eingliederungsmanagements für den Kündigungsschutz Teil I, Diskussionsforum B, Beitrag 4/2004 des Instituts für Qualitätssicherung in Prävention und Rehabilitation (iqpr) an der Deutschen Sportschule Köln.

Gagel, A., Bedeutung des Eingliederungsmanagements für den Kündigungsschutz Teil II, Diskussionsforum B, Beitrag 5/2004 des Instituts für Qualitätssicherung in Prävention und Rehabilitation (iqpr) an der Deutschen Sportschule Köln.

Gagel, A., NZA 2004.

Gagel, A., Schwerbehindertenrecht und betriebliches Gesundheitsmanagement, Diskussionsforum B, Beitrag 3/2007 des Instituts für Qualitätssicherung in Prävention und Rehabilitation (iqpr) an der Deutschen Sportschule Köln.

Haufe Verlag (Hrsg.): CD-Rom Arbeitsrecht, Version 5.3.0.0, Stand 02.10.2007.

Hummel, D., (2004) Krankheit und Kündigung, 2. Auflage, Frankfurt am Main.

Knittel, B., (2005) SGB IX, Rehabilitation und Teilhabe behinderter Menschen, Loseblattsammlung, Stand 15.03.2005, Starnberg.

Düwell, F. J., (2006) Betriebsverfassungsgesetz Handkommentar, 2. Auflage, Baden-Baden.

Küttner, W., (2005) Personalbuch, 12. Auflage, München.

Neumann/Pahlen/Majerski-Pahlen, (2003) SGB IX Kommentar, 10. Auflage, München.

o. V., Frühzeitig handeln - Chancen sichern! Betriebliches Eingliederungsmanagement, 214.0 - LWV InA Hessen 2005.

Rehfeld, U. G., Gesundheitsbedingte Frühverrentung, in: Schleswig-Holsteinisches Ärzteblatt 9/2006.

Schell, H. P., Haufe Verlag (Hrsg.), SGB IX § 84 Prävention, Meckenheim.

Schübel, U. F., Leiter IVUT, (o. J.) Wieder an Bord! Betriebliches Eingliederungsmanagement.

Siegmund, E., (o. J.) Betriebliches Eingliederungsmanagement - aus dem Blickwinkel des Betriebsarztes, ZENTRUM für ARBEITSMEDIZIN und a ARBEITSSICHERUNG e. V.

Stegmann, R., (2005) ver.di Bundesverwaltung, Prävention und Eingliederungsmanagement, Berlin.

Steinau-Steinrück/Hagemeister, NJW-Spezial 2005.

Rechtsprechung

BAG, Beschluss vom 27.06.2001 - 7 ABR 50/99.

BAG, Urteil v. 05.07.1990 AP Nr. 26 zu § 1 KschG 1969 Krankheit, NZA 1991, S. 185.

BAG, Urteil v. 10.05.1990 – 2 AZR 580/89, EzA § 1 KSchG Krankheit Nr. 31.

BAG, Urteil v. 10.06.1969 – 2 AZR 94/68, DB 1969, S. 1608.

BAG, Urteil v. 11.03.1986 – 1 ABR 12/84, in AP Nr. 14 zu § 87 BetrVG Überwachung.

BAG, Urteil v. 12.04.2002 – 2 AZR 148/01, NZA 2002, S. 1081, 1083.

BAG, Urteil v. 12.04.2002 – 2 AZR 148/01, NZA 2002, S. 1081.

BAG, Urteil v. 12.07.1995 – 2 AZR 762/94, NZA 1995, S. 1100, 1101.

BAG, Urteil v. 12.07.2007 - 2 AZR 716/06.

BAG, Urteil v. 13.05.2004 – 2 AZR 36/04, NZA 2004, S. 1271.

BAG, Urteil v. 13.05.2004 – 2 AZR 36/04, NZA 2004, S. 1271.

BAG, Urteil v. 20.01.2000 – 2 AZR 378/99, NZA 2000, S. 768.

BAG, Urteil v. 21.02.2001 – 2 AZR 558/99, NZA 2001, S. 1071, 1072.

BAG, Urteil v. 21.05.1992 AP Nr. 30 zu § 1KSchG, NZA 1993, S. 497.

BAG, Urteil v. 26.09.1991 - 2 AZR 132/91 AP § 1 KSchG Krankheit Nr. 28.

BAG, Urteil v. 27.06.2001 – 7 AZR 662/99, NZA 2001, S. 1135.

BAG, Urteil v. 29.01.1997 – 2 AZR 9/96, NZA 1997, S. 709.

BAG, Urteil v. 29.04.1999 – 2 AZR 431/98, AiB 2000, S. 450, 451.

BAG, Urteil v. 29.04.1999 – 2 AZR 431/98, AiB 2000, S. 450.

BAG, Urteil v. 29.04.1999 – 2 AZR 431/98, AiB 2000, S. 450.

BAG, Urteil v. 29.04.1999 – 2 AZR 431/98, NZA 1999, S. 978

LAG Hamm, Urteil v. 04. 12. 1996, LAGE § 1 KSchG Krankheit Nr. 26

OVG Mecklenburg-Vorpommern, Beschluss v. 09.10.2003, AZ: 2 M 105/03

Internet

beta Care – Wissenssystem für Krankheit und Soziales
http://www.betanet.de/betanet/soziales_recht/Stufenweise-
Wiedereingliederung-465.html
vom 05.05.2008.

BKK Bundesverband
http://www.bkk.de/bkk/powerslave,id,817,nodeid,.html
vom 14.04.2008

Die gewerblichen Berufsgenossenschaften
http://www.disability-manager.de/d/pages/dm/vorteil_ges/
vom 22.07.2008.

Fuchs, Praxiskommentar zu §§ 22-25 SGB IX Gemeinsame Servicestellen, abgedruckt unter www.sgb-ix-umsetzen.de, § 22 Anm. 4
vom 02.06.2008.

Psychotherapeutenkammer Hamburg

http://www2.ptk-hamburg.de/uploads/praevention.pdf

vom 23.07.2008

talentplus – REHADAT - Das Portal zu Arbeitsleben und Behinderung

http://www.talentplus.de/arbeitgeber/bestehende-
arbeitsverhaeltnisse/bem/wie/massnahmen/stuf_wiedereingl/index.html

vom 05.05.2008

Anhang

Anhangsverzeichnis

1 Entwurf: Betriebsvereinbarung/Dienstvereinbarung

(Quelle: CD zum Projekt: Teilhabe behinderter Menschen und betriebliche Praxis, Projekt Teilhabepraxis, IG Metall, Ver.di, ISO Institut 2006)

„Betriebliche Prävention und Eingliederungsmanagement" Firma Musterbetrieb/ Musterdienststelle (Stand XX.XX.200X)

zwischen

der Unternehmensleitung der Firma Musterbetrieb/Leitung der Musterdienststelle

vertreten durch:

und

dem Betriebsrat/Personalrat der Firma Musterbetrieb/ Musterdienststelle

vertreten durch:

und

der Schwerbehindertenvertretung der Firma Musterbetrieb/ Musterdienststelle

vertreten durch:

wird auf der Grundlage des § 87 (1) Ziffer 7 BetrVG/§ 75 (3) Ziffer 11 BPersVG folgende Betriebsvereinbarung/Dienstvereinbarung geschlossen:

Präambel

Es ist das gemeinsame Ziel der Fa. Musterbetrieb/Musterdienststelle, des Betriebsrats/Personalrats und der Schwerbehindertenvertretung, die Gesundheit der MitarbeiterInnen zu erhalten und zu fördern.

Auf der Basis der gemeinsamen Zielsetzung erarbeiten Unternehmensleitung, Betriebsrat/Personalrat und Schwerbehindertenvertretung im gemeinsamen Dialog Maßnahmen zur Sicherung der Teilhabe am Arbeitsleben.

Gemäß § 84 (2) SGB IX wird ein betriebliches Eingliederungsmanagement eingeführt, um

➤ die Arbeitsfähigkeit zu erhalten, zu verbessern und wiederherzustellen,

➤ die Arbeitszufriedenheit und -motivation zu steigern sowie

➤ die betrieblich beeinflussbaren Fehlzeiten und Krankheitskosten zu reduzieren.

Damit soll eine möglichst dauerhafte Teilhabe am Arbeitsleben gewährleistet werden.

1. Ziele

Das betriebliche Eingliederungsmanagement beinhaltet folgende Ziele:

➤ Überwindung und Vorbeugung erneuter Arbeitsunfähigkeitszeiten,

➤ Erhalt und Förderung der Gesundheit,

➤ Vermeidung von Behinderungen einschließlich chronischer Erkrankungen und

➤ Vermeidung krankheitsbedingter Kündigungen.

Um diese Ziele zu erreichen, arbeitet der in § 3.1 genannte Personenkreis vertrauensvoll zusammen. Die Unternehmensleitung/Dienststellenleistung der Firma Musterbetrieb/Musterdienststelle, der Betriebsrat/Personalrat und die Schwerbehindertenvertretung bekräftigen, dass erkrankte Beschäftigte nicht wegen ihrer

Krankheit – schwerbehinderte und behinderte Beschäftigte nicht wegen ihrer Behinderung – benachteiligt werden dürfen.

2. Geltungsbereich

Die Vereinbarung findet auf alle Beschäftigten Anwendung, die innerhalb eines Jahres länger als sechs Wochen ununterbrochen oder wiederholt arbeitsunfähig sind und in einem Arbeits-, Ausbildungs- oder sonstigem Beschäftigungsverhältnis zur Firma Musterbetrieb/Musterdienststelle stehen. Die Vertragsparteien sind sich darüber einig, dass diese Vereinbarung keine Anwendung auf Betroffene mit Bagatellerkrankungen oder absehbar folgenlos ausheilenden Erkrankungen findet. Beschäftigte können von sich aus jederzeit ein betriebliches Eingliederungsmanagement beantragen.

3. Maßnahmen

3.1 Zusammenarbeit der Verantwortlichen

Zur Durchführung der Vereinbarung wird (soweit nicht schon aufgrund einer abgeschlossenen Integrationsvereinbarung vorhanden) in der Firma Musterbetrieb/Musterdienststelle ein Integrationsteam gebildet. In diesem Team sind

> ➢ 1 Beauftragte/r der Unternehmensleitung mit Entscheidungsbefugnis,

> ➢ 1 Beauftragte/r des Betriebsrats/Personalrats,

> ➢ die Schwerbehindertenvertretung,

> ➢ und der Betriebsarzt

vertreten.

Bei Bedarf werden weitere interne Fachkräfte (z. B. Ausbildungsleitung, Sicherheitsfachkraft, Leiter/in des Sozialbetriebes etc.) und externe Fachkräfte (z. B. Integrationsamt, Servicestelle etc.) zur Beratung hinzugezogen. Das Integrationsteam ist das Steuerungsgremium für das betriebliche Eingliederungsmanagement. Es ist verantwortlich für die Auswertung der Arbeitsplatzanalysen sowie für die Arbeitsplatzbegehungen und die darauf aufbauende Maßnahmenentwicklung und -umsetzung. Das Integrationsteam wählt aus seiner Mitte eine/n Vorsitzende/n. Das Integrationsteam arbeitet im

Rahmen seiner Aufgabenstellung weisungsungebunden. Es trifft sich mindestens 4x jährlich zur Erörterung und Überprüfung der in dieser Vereinbarung benannten Ziele und Aufgaben. Einer Person des Integrationsteams obliegt es, dem Betriebsrat/Personalrat im Rahmen der regelmäßigen Sitzungen über die Arbeit zu berichten; dies gilt auch für Betriebs-/Personalversammlungen.

3.2 Aufbau eines betrieblichen Frühwarnsystems

3.2.1 Erfassung und Auswertung von Arbeitsunfähigkeitsdaten

Prävention erfordert Information. Deshalb stellt die Personalabteilung dem Integrationsteam mindestens 1x im Quartal:

➢ eine gesamtbetriebliche Arbeitsunfähigkeitsstatistik,

➢ dazugehörende abteilungsbezogene Kennziffern,

zur Verfügung.

Darüber hinaus werden die Ergebnisse des betrieblichen Gesundheitsberichts – insbesondere die Arbeitsunfähigkeitsanalysen der Krankenkassen – mit in die Bewertung mit einbezogen. Sie dienen vornehmlich der Analyse tätigkeitsspezifischer und altersspezifischer Belastungen, die für die Bewertung des Einzelfalls relevant sein können. Außerdem übersendet die Personalabteilung mindestens 1x im Quartal die Daten der unter den Geltungsbereich dieser Vereinbarung fallenden Beschäftigten an das Integrationsteam. Das Integrationsteam entscheidet, ob einzelfallbezogene Maßnahmen erforderlich sind und beauftragt die Personalabteilung (alternativ: eine Ansprechperson aus dem Kreise des Integrationsteams) mit deren Durchführung (Geschäfts-/Dienststellenleitung, Betriebsrat/Personalrat und Schwerbehindertenvertretung einigen sich über die durchführende Stelle/Ansprechperson. Sie muss gleichermaßen das Vertrauen von Arbeitgebern und Arbeitnehmern genießen).

3.2.2 Kontaktaufnahme mit den Betroffenen

Die Durchführung des betrieblichen Eingliederungsmanagements dient der Beschäftigungssicherung und -förderung. Es handelt sich um ein freiwilliges Verfahren und bedarf der Zustimmung durch die betroffene Person. Wird die Zustimmung nicht erteilt, darf dies nicht zu Lasten der betroffenen Person gewertet werden. Die Kontaktaufnahme erfolgt in zwei Schritten:

Im Zuge der ersten Kontaktaufnahme (schriftlich) wird die betroffene Person über die Zielsetzungen sowie über die dazu erforderliche Datenerhebung und den weiteren, möglichen Verlauf des Verfahrens aufgeklärt.

Erst nach Zustimmung der betroffenen Person erfolgt durch entsprechend geschultes Fachpersonal ein erstes Gespräch zur Klärung und Abstimmung der Vorgehensweise und Feststellung des Bedarfs.

Es dürfen keine Krankheitsdiagnosen oder Angaben zur voraussichtlichen Entwicklung der Arbeitsunfähigkeit erhoben werden. Der Gesprächsinhalt muss vertraulich behandelt werden. Lehnt der/die Betroffene eine Teilnahme am betrieblichen Eingliederungsmanagement ab, so wird er/sie im laufenden Kalenderjahr nicht wieder angeschrieben.

3.2.3 Feststellung des Bedarfs

Die Parteien der Betriebsvereinbarung/Dienstvereinbarung sind sich darüber einig, dass das betriebliche Eingliederungsmanagement in ein Gesamtkonzept zum betrieblichen Arbeits- und Gesundheitsschutz einzubinden ist. Eine geeignete Maßnahme ist die Ermittlung, Beurteilung und Dokumentation der für die Beschäftigten mit ihrer Arbeit verbundenen Gefährdungen (§ 5 Arbeitsschutzgesetz). Hierzu wird für jeden Beschäftigten eine Arbeitsplatzanalyse, ggf. in Verbindung mit einer Arbeitsplatzbegehung, durchgeführt. Wenn bis dato keine betrieblichen Erhebungen vorliegen, wird im Rahmen des Eingliederungsmanagement für den jeweiligen Arbeitsplatz eine ganzheitliche Gefährdungsbeurteilung am Arbeitsplatz durchgeführt. Die gewonnenen Daten werden dem Integrationsteam zur Entscheidungsfindung über einzelfallbezogene Maßnahmen vorgelegt. Bei Bedarf werden Maßnahmen aus dieser Vereinbarung mit den örtlichen gemeinsamen Servicestellen der Rehabilitationsträger – bei schwerbehinderten Menschen mit dem Integrationsamt – abgesprochen. Kommen finanzielle Fördermöglichkeiten o. g. Stellen in Betracht, so werden diese beantragt. Soweit erforderlich und unter Beachtung datenschutzrechtlicher Bestimmungen werden die Daten auch den Rehabilitationsträgern und Integrationsämtern zur Verfügung gestellt.

3.2.4 Maßnahmenspektrum

Das Spektrum der Maßnahmen umfasst drei Schwerpunkte: Maßnahmen der Prävention, der Rehabilitation und der Gesundheitsförderung. Im Mittelpunkt stehen hierbei Maßnahmen der alters- bzw. alterns- und behinderungsgerechten Arbeitsgestaltung. Konkrete Anknüpfungspunkte finden sich in den Bereichen Arbeitsplatzgestaltung, Arbeitsorganisation, Arbeitszeit, Arbeitsumfeld, Personalplanung, Qualifizierung, stufenweise Wiedereingliederung, medizinische und berufliche Rehabilitation.

3.2.5 Koordination und Dokumentation

Ein Mitglied des Integrationsteams oder eine vom Integrationsteam beauftragte Person koordiniert und steuert die einzelfallbezogenen Maßnahmen und dokumentiert den Prozessverlauf.

4. Qualifizierung der Vorgesetzen

Vorgesetzte haben eine besondere Verantwortung für die Gesunderhaltung ihrer MitarbeiterInnen und die Qualität der Arbeit. Sie haben mit dafür Sorge zu tragen, dass dem genannten Personenkreis möglichst frühzeitig präventive Maßnahmen zuteil werden. Um Vorgesetzte für diese Aufgabenstellungen zu sensibilisieren und sie als Teil der Unternehmens/-Dienststellensphilosophie in ihre Aufgabenwahrnehmung zu integrieren, bietet die Fa. Musterbetrieb/Leitung der Musterdienststelle an, neueste Kenntnisse über Gesundheits- und Eingliederungsmanagement zu vermitteln.

5. Finanzierung der Maßnahmen

Die Finanzierung der Maßnahmen wird über Eigen- und Fremdmittel sichergestellt. Diese Mittel werden über eine eigene Kostenstelle „Betriebliches Eingliederungsmanagement" ausgewiesen. Eigenmittel werden in der Höhe von … zur Verfügung gestellt. Bis zu einem Betrag von … kann das Integrationsteam eigenständig verfügen. Darüber hinausgehende Beträge erfordern ein gesondertes Antragsverfahren.

6. Zielerreichung

Die Unternehmensleitung berät mit dem Betriebsrat/Personalrat und der Schwerbehindertenvertretung einmal jährlich, ob und in welchem Umfang die in dieser Vereinbarung getroffenen Ziele erreicht wurden. Die Unternehmensleitung stellt sicher, dass die MitarbeiterInnen regelmäßig und in geeigneter Weise über die Erreichung der Ziele aus dieser Vereinbarung informiert werden.

7. Streitigkeiten

Erreichen die Beteiligten bezüglich der Auslegung und Anwendung dieser Vereinbarung oder auch einzelner Bestimmungen dieser Vereinbarung keine Einigung, entscheidet die Einigungsstelle gem. § 76 BetrVG. Sie besteht aus einer gleichen Anzahl von BeisitzerInnen der Unternehmensleitung, der Interessenvertretungen und einem/einer unparteiischen Vorsitzenden, auf denen sich beide Seiten einigen müssen.

8. Datenschutz

Das betriebliche Eingliederungsmanagement erfolgt unter Wahrung der jeweils gültigen datenschutzrechtlichen Bestimmungen. Wenn personenbezogene Daten an Dritte weitergegeben werden müssen, hat die Ansprechperson

die Arbeitnehmer darüber aufzuklären und ihre schriftliche Einwilligung einzuholen. Wenn Ärzte angehört und eventuelle gesundheitliche Informationen erörtert werden sollen, dürfen die Ärzte ihnen bekannt gewordene gesundheitliche Informationen erst weitergeben, wenn die Arbeitnehmer sie schriftlich von der Schweigepflicht entbunden haben. Bevor eine Unterschrift geleistet wird, ist die Schwerbehindertenvertretung und/oder der Betriebs bzw. Personalrat einzuschalten. Die erhobenen Daten dürfen ausschließlich für die in der Vereinbarung benannten Ziele des BEM verwandt werden. Sie dienen dem Erhalt der Arbeitsfähigkeit und des Arbeitsplatzes. Zu anderen Zwecken ist ihre Verwendung untersagt. Gesundheitsdaten sind getrennt von der Personalakte aufzubewahren. Bei Bedenken gegen einen umfassenden Datenschutz kann externer Rat hinzugezogen werden.

9. Geltungsdauer

Diese Vereinbarung tritt am XX.XX.XXXX in Kraft. Sie kann von jeder Seite unter Einhaltung einer Frist von 3 Monaten zum Jahresende – erstmals zum XX.XX.XXXX – schriftlich gekündigt werden. Sie wirkt nach, bis zum Abschluss einer neuen Vereinbarung. (Sofern vorhanden: Die derzeit bestehende Betriebsvereinbarung/Dienstvereinbarung über „Krankenrückkehrgespräche" wird im Zuge dieser Vereinbarung einvernehmlich aufgehoben und unterliegt keiner Nachwirkung.) Widerspricht eine Vorschrift dieser Vereinbarung höherrangigem Recht, so bleibt die Gültigkeit der übrigen Bestimmungen davon unberührt. Die Parteien der Betriebsvereinbarung/Dienstvereinbarung verpflichten sich, die unwirksame Vorschrift durch eine ihr inhaltlich möglichst entsprechend wirksame Vorschrift zu ersetzen.

Ort, den ....

Für die Unternehmensleitung

....

für den Betriebsrat

....

für die Schwerbehindertenvertretung

....

1.1 Musteranschreiben: Langzeiterkrankung (Modifiziert vom DGB)

Quelle: Projekt Teilhabepraxis: Teilhabe behinderter Menschen und betriebliche Praxis, Projekt Teilhabepraxis, IG Metall, Ver.di, ISO Institut 2006)

Sehr geehrte/r Frau/Herr,

Sie sind seit dem ... arbeitsunfähig. Sollten sie in Folge ihrer Erkrankung Hilfe bzw. Unterstützung benötigen, bieten wir Ihnen zu gegebener Zeit ein betriebliches Eingliederungsmanagement an.

Sie gehören nach dem SGB IX zu dem Personenkreis, für den der Gesetzgeber eine besondere Fürsorgepflicht des Arbeitgebers vorsieht. Ziel des betrieblichen Eingliederungsmanagements ist es, Ihnen möglichst rechtzeitig die Rückkehr an ihren Arbeitsplatz zu erleichtern und erneuter Arbeitsunfähigkeit vorzubeugen, um ihre Arbeitsfähigkeit dauerhaft zu sichern.

Sobald es Ihre Gesundheit zulässt, würden wir gern gemeinsam mit Ihnen nach Möglichkeiten und Wegen suchen, wie wir Ihre Rückkehr an den Arbeitsplatz gesundheitsförderlich begleiten und unterstützen können. Deshalb wollen wir möglichst frühzeitig mit Ihnen über erforderliche Hilfen und Leistungen sprechen und prüfen, ob wir den Prozess der Wiedereingliederung durch gezielte Maßnahmen der arbeitsplatznahen Rehabilitation, Prävention und Gesundheitsförderung unterstützen können.

Wir bieten Ihnen deshalb eine erste Beratung durch eine Person ihres Vertrauens an. Das Gespräch muss vertraulich behandelt werden – überdies sind die unten aufgeführten Personen in der Ausübung ihrer Tätigkeit an die Schweigepflicht gebunden. Mit folgenden Personen können sie sich in Verbindung setzen:

Betriebs- bzw. Personalrat	Name:	Durchwahl:
Schwerbehindertenvertretung	Name:	Durchwahl:
Betriebsarzt	Name:	Durchwahl:

Sollte durch das Gespräch die Notwendigkeit eines Hilfe- und Unterstützungsbedarfs deutlich werden, steht im weiteren Verlauf das Integrationsteam für die Hilfe- und Maßnahmenplanung unterstützend zur Seite. Dieses Team besteht aus einem/einer Betriebsarzt/ Betriebsärztin, einem/einer Mitarbeiter/in der Personalabteilung, einem Mitglied des Betriebs- bzw. Personalrates und der Vertrauensperson der schwerbehinderten Menschen.

Die Teilnahme an einem betrieblichen Eingliederungsmanagement ist freiwillig. Bitte geben Sie auf dem Antwortschreiben an, ob Sie eine Beratung wünschen oder nicht und senden Sie dieses an uns zurück.

Wenn Sie nicht beraten werden möchten, werden Sie innerhalb der nächsten 12 Monate nicht wieder angeschrieben. Sollten Sie zwischenzeitlich Beratungsbedarf haben, wenden Sie sich bitte an den Betriebsarzt, den Betriebs- bzw. Personalrat oder die Vertrauensperson der schwerbehinderten Menschen.

Mit freundlichen Grüßen

Anlage
Betriebs-/Dienstvereinbarung zu § 84 (2) SGB IX
Wortlaut des § 84 (2) SGB
Antwortschreiben

1.2 Musteranschreiben: Mehrfacherkrankung (Modifiziert vom DGB)

Quelle: Projekt Teilhabepraxis: Teilhabe behinderter Menschen und betriebliche Praxis, Projekt Teilhabepraxis, IG Metall, Ver.di, ISO Institut 2006)

Sehr geehrte/r Frau/Herr,

Sie waren im letzten Jahr in der Summe länger als sechs Wochen arbeitsunfähig. Sollten sie in Folge ihrer wiederholten AU-Zeiten Hilfe bzw. Unterstützung benötigen, bieten wir Ihnen ein betriebliches Eingliederungsmanagement an.

Sie gehören nach dem SGB IX zu dem Personenkreis, für den der Gesetzgeber eine besondere Fürsorgepflicht des Arbeitgebers vorsieht. Ziel des betrieblichen Eingliederungsmanagements ist es, eine bestehende Arbeitsunfähigkeit frühzeitig zu überwinden und erneuter Arbeitsunfähigkeit vorzubeugen.

Wenn Sie der Meinung sind, Ihre AU-Zeiten könnten auf Dauer zu anhaltenden gesundheitlichen Beeinträchtigungen führen, würden wir gern gemeinsam mit Ihnen nach Möglichkeiten und Wegen suchen, wie wir Ihre Arbeitsfähigkeit auf Dauer erhalten und Ihre Gesundheit gefördert werden kann. Möglichst frühzeitig wollen wir mit Ihnen über Hilfen und Leistungen sprechen und prüfen, ob mit gezielten Maßnahmen der Prävention und Gesundheitsförderung erneuter Arbeitsunfähigkeit vorgebeugt werden kann.

Wir bieten Ihnen deshalb eine erste Beratung durch eine Person ihres Vertrauens an. Das Gespräch muss vertraulich behandelt werden – überdies sind die unten aufgeführten Personen in der Ausübung ihrer Tätigkeit an die Schweigepflicht gebunden. Mit folgenden Personen können sie sich in Verbindung setzen:

Betriebs- bzw. Personalrat	Name:	Durchwahl:
Schwerbehindertenvertretung	Name:	Durchwahl:
Betriebsarzt	Name:	Durchwahl:

Sollte durch das Gespräch die Notwendigkeit eines Hilfe- und Unterstützungsbedarf deutlich werden, steht im weiteren Verlauf das Integrationsteam für die Hilfe- und Maßnahmenplanung unterstützend zur Seite. Dieses Team besteht aus einem/einer Betriebsarzt/Betriebsärztin, einem/einer Mitarbeiter/in der Personalabteilung, einem Mitglied des Betriebs- bzw. Personalrates und der Vertrauensperson der schwerbehinderten Menschen.

Die Teilnahme an einem betrieblichen Eingliederungsmanagement ist freiwillig. Bitte geben Sie auf dem Antwortschreiben an, ob Sie eine Beratung wünschen oder nicht und senden Sie dieses an uns zurück.

Wenn Sie nicht beraten werden möchten, werden Sie innerhalb der nächsten 12 Monate nicht wieder angeschrieben. Sollten Sie zwischenzeitlich Beratungsbedarf haben, wenden Sie sich bitte an den Betriebsarzt, den Betriebs- bzw. Personalrat oder die Vertrauensperson der schwerbehinderten Menschen.

Mit freundlichen Grüßen

Anlage

Betriebs-/Dienstvereinbarung zu § 84 (2) SGB IX

Wortlaut des § 84 (2) SGB IX

Antwortschreiben

1.3 Muster – Antwortschreiben (Modifiziert vom DGB)

Quelle: Projekt Teilhabepraxis: Teilhabe behinderter Menschen und betriebliche Praxis, Projekt Teilhabepraxis, IG Metall, Ver.di, ISO Institut 2006)

An einer Beratung durch das Eingliederungsteam möchte ich

teilnehmen ☐

nicht teilnehmen ☐

(Bei Beratungsbedarf im laufenden Jahr melde ich mich selbstständig.)

An das Eingliederungsteam   Name:...........................

Firma Musterbetrieb   Vorname:.......................

12345 Musterstadt   Geburtsdatum:...................

....
Datum, Unterschrift

1.4 Musteranschreiben: Datenschutz

Quelle: Adlhoch/Fankhaenel/Magin/Seel/Westers/Zorn, (o. J.) Handlungs-empfehlungen zum betrieblichen Eingliederungsmanagement, LWL, Köln.

Vereinbarung über den Schutz persönlicher Daten im Rahmen von Maßnahmen des Betrieblichen Eingliederungsmanagements

Name:

Vorname:

Personal-Nr.:

Kostenstelle:

Vorgesetzter:

Das Unternehmen/die Dienststelle

vertreten durch

NAME BEM-BEAUFTRAGTER DES ARBEITGEBERS

und

NAME MITARBEITERIN/MITARBEITER

schließen folgende Vereinbarung über die Mitwirkung am Betrieblichen Eingliederungsmanagement:

Der Mitarbeiter/die Mitarbeiterin willigt ein, dass ausschließlich die Angaben, die im Rahmen des Betrieblichen Eingliederungsmana-gements erhoben und auf dem Datenblatt (siehe Anlage) dokumen-tiert werden, den Mitgliedern des Integrationsteams zum Zwecke ihrer/seiner Eingliederung bekannt gemacht werden. Ärztliche An-gaben zu Krankheitsdiagnosen werden nicht auf dem Datenblatt erfasst und auch nicht zur Personalakte genommen. Der Mitarbei-ter/die Mitarbeiterin ist darüber informiert, dass die Mitglieder des Integrationsteams zur Wahrung des Datengeheimnisses verpflichtet sind.

Es werden im Rahmen des Betrieblichen Eingliederungsmanagements außer den im Datenblatt aufgeführten Informationen gegebenenfalls folgende weitere Informationen erhoben und zum Zweck des Betrieblichen Eingliederungsmanagements verwendet:

> ➤ Protokoll über Arbeitsversuche: Verlauf und Ergebnis

> ➤ Protokoll über Verlauf und Ergebnis von Maßnahmen zur stufenweisen Wiedereingliederung

Eine Weitergabe von Daten, die im Rahmen des Betrieblichen Eingliederungsmanagements erhoben worden sind, an Dritte (wie z.B. Einrichtungen der Rehabilitation) erfolgt nur nach vorheriger Zustimmung des Mitarbeiters/der Mitarbeiterin.

Der Mitarbeiter/die Mitarbeiterin ist belehrt worden über die Freiwilligkeit der gemachten Angaben, die Datenspeicherung, -veränderung und -nutzung, er/sie ist darauf hingewiesen worden, dass er/sie Einsicht in alle Urkunden und Dokumente, die seine Person betreffen, nehmen kann. Dies bezieht sich nicht auf handschriftliche Aufzeichnungen.

....
Ort, Datum   Mitarbeiter/in   Ort, Datum   Betrieb

2   Wichtige Internetadressen

www.arbeitsagentur.de
Bundesanstalt für Arbeit

www.bar-frankfurt.de
Bundesarbeitsgemeinschaft für Rehabilitation

www.baua.de
Bundesanstalt für Arbeitsschutz und Arbeitsmedizin

www.bmgs.bund.de
Bundesministerium für Gesundheit und soziale Sicherung

www.bmwa.bund.de
Bundesministerium für Wirtschaft und Arbeit mit Informationen zum Arbeitsschutz

www.dgb.de
Deutscher Gewerkschaftsbund

www.igmetall.de
IG Metall

www.integrationsaemter.de
Bundesarbeitsgemeinschaft der Integrationsämter

www.iqpr.de
Institut für Qualitätssicherung in Prävention und Rehabilitation

www.iso-institut.de
Institut für Sozialforschung und Sozialwirtschaft e. V. Saarbrücken

www.hvbg.de
Hauptverband der gewerblichen Berufsgenossenschaften

www.rehadat.de
Institut der Deutschen Wirtschaft

www.teilhabepraxis.de
Kooperationsprojetkt von IG Metall, ver.di und iso

www.vdr.de
Deutsche Rentenversicherung

www.verdi.de
ver.di